저는 퇴사하고 한의사합니다

본 저서에 실린 모든 인터뷰는 〈대신 만나드립니다〉가 진행하였으며,
인터뷰에 대한 권한은 〈대신 만나드립니다〉에 있습니다.

차례

Chapter 01
의약학

1. 약사에서 한의사로, 신정민 한의사   10
2. 약사에서 한의사로, 우주연 한의사   32
3. 수의사에서 한의사로, 송민호 한의사   54
- 부록 : 한약의 안정성   67
  일상 속의 한약재   70

Chapter 02
자연과학/공학

1. 전기컴퓨터공학도에서 한의사로, 김도환 한의사   73
2. 기계항공공학도에서 한의사로, 김현호 한의사   87
3. 식품영양학을 공부하는 한의사, 조민석 한의사   104
4. 물리학도에서 한의사로, 황남주 한의사   119
- 부록 : 전문의 제도   132
  한의사의 의료기기 사용   135

Chapter 03
인문/사회/교육

1. 경제학도에서 한의사로, 라이문드 로이어 한의사   138
2. 경제학도에서 한의사로, 이요한 한의사   151
3. 잡지 에디터에서 한의사로, 최혜미 한의사   162
4. 교육가에서 한의사로, 한상윤 한의사   177
- 부록 : 한의학의 세계화   194
  국가의료에 참여하는 한의사   197

Chapter 04
예체능

1. 배우에서 한의사로, 박미경 한의사   201
2. 미술학도에서 한의사로, 박민주 한의사   214
3. 체육학도에서 한의사로, 김기현 한의사   223
- 부록 : 팀닥터   237
  한의사 의료기관에서 가능한 피부,미용 진료   239

저자소개

1. 곽민제 (원광대학교 한의과대학 졸업/ 대만드 브랜드 강화팀)

끊임없이 탐구하는 대만드 4기 코알라입니다. 이 책을 읽는 모든 분들께 생생한 인터뷰 현장을 전달하고자 노력했습니다. 여러분들이 각자의 분야에 애정을 가지고 즐기는 사람이 되시기를 희망합니다.

2. 김명은 (원광대학교 한의학과 3학년/ 대만드 브랜드 강화팀)

찬란한 이야기를 세상에 전하는 대만드 5기 앵무새입니다. 자신의 일을 사랑하는 사람의 눈이 가장 빛난다고 생각합니다. 대만드 안에서 빛나는 분들의 이야기를 듣고, 공유할 수 있어서 참 감사합니다. 이 책을 읽는 분들의 모든 꿈을 응원합니다.

3. 승혜빈 (대구한의대학교 한의과대학 졸업, 대전대학교 서울한방병원 인턴/ 대만드 브랜드 강화팀)

'어떤 한의사가 될 것인지'에 대해 함께 고민하고 그에 대한 각자의 답을 찾아가고자 대만드에 합류했던 3기 토끼입니다. 이 책을 읽는 모든 분들이 각자의 답을 가지고 앞으로 자신만의 멋진 삶을 이끌어 나가길 바라며. 누구보다 빛나는 여러분의 답을 기대합니다.

4. 이경은 (우석대학교 한의과대학 졸업, 동의대학교 한방병원 인턴/ 대만드 브랜드 강화팀)

한의사 및 한의계에 대한 시야를 넓히고자 새내기 때 대만드에 합류한 2기 코카스파니엘입니다.
타 직업군에서 한의사로 이직하신 여러 선배님들을 만나뵈며 새로운 영감과 통찰을 얻을 수 있었습니다. 이 책을 통해 인터뷰 현장이 생생히 전달되기를 바라며, 더불어 한의사를 꿈꾸는 모든 분들에게 직접적인 도움이 되었으면 합니다.

5. 정연수 (부산대학교 한의학전문대학원 본과 4학년/ 대만드 브랜드 강화팀)

해외 진출 한의사, 연구하는 한의사 등 한의사의 다양한 진로를 생생하게 전달하는 대만드 4기 꽃사슴입니다. 중국어와 경영을 전공하다 다시 한의대에 들어온 만큼 이번 책에 대한 감회가 남다릅니다. 다른 직업을 가지고 있다 한의사가 되기를 꿈꾸는 모든 이들에게 희망과 용기를 주고 나아가 어떤 한의사가 될 지에 대한 나침반 역할을 할 수 있는 책이 되길 희망합니다.

6. 김정상 (대한한의사협회 브랜드위원회 콘텐츠개발팀)

저도 뒤늦게 한의사가 되었지만 한의사란 직업에 정말 만족하는 입장에서 한의사가 얼마나 괜찮은 직업인지 많은 사람들이 알았으면 하는 마음으로 처음 프로젝트를 기획했습니다. 한의사, 한의대생뿐만이 아닌 많은 사람들에게도 이 책이 읽혀졌으면 좋겠습니다.

7. 민백기 (대한한의사협회 브랜드위원회 콘텐츠개발팀/
침구의학과 전문의)

건축공학과를 졸업하고 공병 장교로서 군 공사 현장 실무와 전투 훈련 임무를 수행하다, 한의사의 길로 접어들었습니다. 직업은 적성과 능력을 바탕으로 자아실현을 하면서 생계유지를 하기 위한 수단입니다. 세상에는 다양한 직업과 사람이 있습니다. 이러한 다양성을 공유하고 싶었습니다. 감사합니다.

8. 추홍민 (대한한의사협회 브랜드위원회 콘텐츠개발팀/
한의학박사, 한방내과 전문의)

미래의학으로 발전하는 현대한의학은 다양한 구성원들의 노력과 헌신으로 이루어지고 있습니다. 특히, 다양한 분야의 경험과 경력을 가진 선후배님들의 합류가 한의계를 더욱 다채롭고 풍성하게 만든다고 생각합니다. 한의대, 한의학에 관심있는 분들께 이 책을 꼭 권합니다!

약사에서 한의사로, 신정민 한의사 (1-1)

안면비대칭, 턱관절 장애 진료를 말하다
by 대신만나드립니다

2022년 상반기, 대만드에서 '저는 퇴사하고 한의사합니다' 프로젝트를 시작합니다. 다른 직업을 갖고 계시다가 한의사가 되신 선배님들의 이야기를 전해드리려고 하는데요. 그 첫 번째로 대만드가 만나러 간 분은 '약사 출신 한의사'라는 특별한 이력을 가진 신정민 원장님입니다. 예쁜 스튜디오에서 시작된 인터뷰, 지금 바로 전해드립니다!

신정민 원장님 약력
- 서울대학교 제약학과 졸업
- 경희대학교 한의학과 졸업
- 차의과대학원 통합의학 석사 수료
- (전) 경희대학교 한의과대학 겸임교수
- (전) 가천대 약학대학 임상연구원
- 참진한의원 얼핏클리닉 센터장
- 유튜버 '얼핏닥터'로 활동 중
- 삐뚤어진 얼굴 습관 바로잡기 (2019. 사과나무) 저자

Q. 안녕하세요. 간단하게 자기소개 부탁드립니다.
A. 안녕하세요, 한의사 이전에는 약사였고 지금은 참진한의원에서 일하고 있는 임상 14년 차 한의사 신정민입니다. 처음에는 피부 진료를 하다가 6년 전부터 얼굴 비대칭, 턱관절 장애 등 안면교정 치료에 집중하고 있어요. 진료 외에 글도 쓰고 논문이나 책도 쓰고 유튜브도 하고 다양한 활동을 하다 보니 이렇게 여러분들과 만날 기회가 생긴 거 같아요. 초대해 주셔서 감사합니다.

Q. 요즘 원장님의 일과, 일주일 일정이 어떻게 되시나요?
A. 저는 본과 2학년 때 결혼을 해서 두 아이가 중학생, 고등학생이에요. 하루 일과 시작은 아침에 아이들 깨워서 학교 보내고 강아지 산책을 시키는 거고요. 그리고 출근해서 스텝들과 조회를 하고 하루 종일 진료를 합니다. 저녁 9시에 진료가 끝나고 집에 오면 10시, 집에 와서 집안 정리하고 쉬다가 잠자리 들고 이게 루틴이에요. 좀 여유가 있는 진료 요일에는 블로그나 카카오 브런치에 글을 쓰고 병원 홍보팀과 업무도 해요. 홍보라는 업무가 참 매력적이에요. 결국 '우리 병원 이런 특별한 진료를 하니까 오세요'라는 메시지를 전하는 건데 새로운 언어나 도구로 특별한 색을 입혀서 표현하는 과정이 재미있어요. 이 과정에 자연스럽게 제가 할 일을 찾게 되면서 다양한 콘텐츠를 만들어내게 된 것 같아요. 그리고 병원이 돌아가도록 하려면 진료와 홍보 외에도 직원 관리, 회계 관리 등 신경 써야 되는 부분들이 많아서 이런 일들을 합니다.

Q. 첫 전공인 제약학과를 선택한 계기가 무엇인가요?
A. 여러분은 고등학교 때 앞으로 뭘 하겠다는 목표 의식이 명확하셨는지 모르겠어요. 저는 그때는 잘 모르겠더라고요. 그래도 공부는 열심히 했고, 당시 의약계열, 사람을 치료하는 부분에 관심이 있었어요. 약대와 의대 중에 고민했고 서울대 제약학과, 아주대 의대, 인제대 의대에 붙었는데, 서울대에 가고 싶어서 약대에 진학했어요. 한의대에 가야겠다는

생각은 약대 졸업 후에 약사로 사회생활을 하면서 자연스럽게 들었어요. 한의대 입시를 준비할 때에는 목표가 확고해서 6개월가량 정말 열심히 공부했던 기억이 있네요.

Q. 한의대를 가야겠다는 결심이 선 계기가 어떻게 되시나요?
A. 제가 약사를 했던 때는 의약분업 전이에요. 당시에는 일반 의원에서 조제약을 처방했고, 반대로 약국에서도 일반의약품, 전문의약품 구분 없이 다 환자에게 임의 처방할 수 있었어요. 그러다 보니 약국도 살아남으려면 그 약국에서 어떤 약을 먹었는데 금방 나았다는 식의 입소문이 나야 했어요. 그래서 상술이 심한 곳은 스테로이드제, 항생제를 비롯한 독한 약들을 무분별하게 썼고, 그런 조제약들에 한방과립제를 뿌려서 같이 포장해서 파는 것이 루틴이었어요. 저는 그런 환경에서 일을 했었죠.

그러던 중 두 가지 사건이 크게 영향을 미쳤어요. 하나는 당시 일하던 약국이 오래된 시장통에 있었는데요. 거기서 10년 넘게 야채 장사를 하던 아주머니가 매일 아침 약국에 오셨어요. 항상 스테로이드제 2알이랑 판피린이라는 종합감기약을 매일 사서 드셨죠. 궂은일을 하는 분들에게 피로 해소, 진통효과가 있어서 그런 거였어요. 이미 스테로이드 장기 복용 부작용으로 moon face에 피부는 얇아져서 핏줄이 다 보이고 치아도 다 빠지고 골다공증, 고혈압, 당뇨 등 온갖 증상들이 있었어요. 제가 설득하려고 굉장히 노력했는데도 할머니는 '나는 그냥 오늘 하루만 잘 끝나면 된다'고 하시더라고요. 그렇게 매일 약을 드리면서 마음이 너무 안 좋았죠. 또 하나의 사건은, 매일 아침마다 오셔서 수다 떨고 가시는 아주머니 한 분이 계셨어요. 5~6년 전 아들이 교통사고로 죽어서 자식도 없고 남편도 없는 분이었어요. 아들이 죽은 이후로 불면증이 생기고 가슴이 뛰고 열이 오르고. 사는 게 의미가 없다고 계속 말하셨어요. 이분한테 청심연자음을 드렸더니 증상이 굉장히 좋아졌어요. 한약의 드라마틱한 효과를 직접 경험했죠.

이런 경험들을 하면서 한의사를 해야만 마음 편하게 사람들을 치료해 줄 수 있겠구나 라는 확신을 갖게 되었습니다. 스테로이드, 항생제 등 약을 조제해서 환자 손에 넘길 때마다 마음이 불편했는데 그 마음으로 평생 그 일을 하면서 살 수는 없을 거고요. 앞으로도 메디컬 계열의 일을 해야 된다면 제 양심과 마음에 불편함이 없는 한의사로서 살고 싶다는 생각이 들었어요. 그렇게 목표를 세우게 됐죠. 제가 한의대 01학번인데 당시 한의대 들어가기가 쉽지 않았어요. 경희대 한의대의 경우 서울대 의대랑 커트라인이 똑같았던 시절이에요. 운 좋게도 수능에서 2개를 틀리고 원하는 곳에 들어갔어요.

Q. 두 번째 대학생활을 하면서 학부 시절에 어떤 학생이셨나요? 그리고 학창 시절에 기억에 남는 활동 혹은 고충이 있으셨나요?
A. 약대 다닐 때는 여느 대학생들처럼 동아리 활동도 하고 친구들과도 놀러도 다니는 일반적인 학창 시절을 보냈어요. 그런데 한의대를 다닐 때는 동기들과 어울리기보다는 주로 수업 듣고 나면 일을 했어요. 경제적으로 독립을 한 후에 입학한 두 번째 학교라 부모님께 등록금 부담을 드리고 싶지 않았거든요. 그래서 학비를 벌기 위해 과외도 하고 약국에서 아르바이트도 하는 등 일을 열심히 했어요.

그 외 시간이 나면 동기들과 스터디를 했어요. 김남일 교수님과 동의보감 공부를 상당 기간 했고, 다른 공부 모임도 생기면 참여했어요. 그러다가 본과 2학년 때 결혼을 하고 임신, 출산 과정을 겪으면서 더욱 일반적인 대학생의 삶과는 많이 다른 행보를 하게 되었죠. 저에게 한의대 생활은 하고 싶었던 학문을 공부한 시기이기도 했지만, 결혼, 임신, 출산, 직업인으로서 삶까지 많은 키워드가 공존했어요. 제 생애에서 가장 정신없고 버라이어티 한 삶을 보냈던 시기가 아니었나 싶어요.

Q. 졸업 후 모교에서 교수직을 맡으시는 동안에는 어떤 일을 하셨나요?
A. 작년까지 경희대에서 겸임교수로 한방 피부미용학이라는 과목을 가르쳤어요. 여드름, 흉터 등의 피부 진료와 안면비대칭, 턱관절 장애 등의 안면교정 등과 같이 제가 진료 현장에서 해온 분야를 임상적으로 풀어내는 수업이었습니다. 학생들을 가르치면서 느꼈던 것을 하나 말씀드리자면, 한의학이 좋아서 선택한 분들도 있지만 점수에 맞춰서 온 분들도 있잖아요. 묘한 자격지심을 가지고 학창 시절을 보내시는 분들이 많아 보였어요. 한의학은 정말 가치 있는 학문이에요. 그러니 졸업 후 여러분들이 한의사로 살아가게 되는 것에 자긍심을 가지고 학창 시절 동안 열심히 공부하면 좋겠다는 이야기를 많이 했어요.

저희 딸은 어릴 때부터 병원에 갈 필요가 없었어요. 제 손에서 대부분 해결되는 문제였으니까요. 그래서 오히려 병원에 대한 환상을 가지더라고요. 서양의학이 의미가 없다는 것이 아니에요. 과학이란 명제에 가려진 그 이면의 모습을 자세히 들여다보면 허점도 상당히 많아요. 저는 진료하면서 이런 부분들은 많이 느끼거든요. 10년 넘게 특정 증상이 해결이 안 돼서 여러 병원을 전전하다가, 속는 셈 치고 한의원에 가보자는 마음으로 오시는 환자분들이 계세요. 그런데 한의학적 관점에 놓고 보면 너무 쉬운 문제인 경우도 많고, 쉽게 해결됩니다. 양방에서는 증상에 대해 지엽적으로 파고들다 보니 사람의 전체, 그 사람의 삶을 못 봐서 그러지 않나 싶어요. 분명 한의학만이 할 수 있는 고유영역이 있고 그래서 한의학은 계속 살아남을 수밖에 없는 의학입니다.

Q. 개원 시기가 비슷한 나이대 분들보다 늦어지면서 초조함이나 불안함 등등, 개원 당시에 겪었던 고민들이 궁금합니다.
A. 보통 저 같은 사람들은 졸업 후 바로 개원하는 경우가 많아요. 본 3,4 때 이미 참관도 하고 개원 준비를 많이 하더라고요. 저도 졸업하고 1년 반 부원장을 하고 개원했는데 빨리 한 편이었어요. 개원을 같은 나이대

친구들보다 늦게 해서 힘들었다기보단 개원 그 자체에 고충이 있었어요. 저는 첫 개원은 실패했다고 생각해요. 진료보다는 그 외적인 부분에서 시행착오를 많이 겪었거든요. 몇 가지 에피소드를 말씀드리자면, 건물 계약할 때 부동산에 사기를 당하고 계약금을 날렸어요. 한의원 홍보를 위해 블로그를 운영했는데, 직원이 한 연예인 사진을 첨부했다가 소속사에서 고소를 당하는 일도 겪었어요. 당시 퍼블리시티권, 초상권 이런 개념이 법적으로 생겨나던 초반이었는데, 대부분이 그런 부분에 대해 무지했던 거죠. 고소 과정을 대행하던 변호사가 엄청 괴롭혀서 그 과정이 너무 스트레스였어요.

실제로 개원을 해보면 진료보다 이런 부분들이 힘들어요. 스스로 진료 실력도 충분하다 생각되고 거기에 더해 특별한 진료 아이템을 갖고 있다면 개원하면 무조건 잘 될 거라는 부푼 꿈을 안고 시작하거든요. 그런데 개원을 생각한다면 실력도 중요하지만, 이러한 현실적인 부분들을 고려해야 돼요. 경영적인 지식도 굉장히 많아야 하고, 일하는 과정에서 발생할 수 있는 실수를 최소화해야 해요. 그런데 준비를 많이 해도 진행하는 과정에 수많은 시행착오를 겪게 돼요. 겪어보기 전에 속속들이 알기 어려운 부분들이거든요. 이 과정을 거치면서 사회를 제대로 배우고 어른이 되는 거 같아요. 세상이 진짜 무섭구나. 잠깐 눈 감아도 코 베어 가는 게 세상이구나 개원하면서 현실 감각이 많이 생겼어요.

Q. 개원 과정에서 누구나 시행착오를 겪게 될 텐데, 이를 줄이기 위해 미리 대비할 수 있는 방법이 있을까요?
A. 앞서 간 사람들 경험을 많이 보고 듣는 게 답이죠. 개원 생각이 있으면 개원한 선배들, 특히 성공한 분들을 많이 만나봐야 해요. 저는 그 과정이 부족해서 시행착오를 많이 겪었다고 생각해요. 졸업 후 초기 세팅 병원에서 부원장 (원년멤버로 시작) 해보는 것도 좋아요. 고생을 많이 해서 대부분 꺼리지만, 자기 병원이라고 생각하고 일을 해보면 절대 그 경

험은 공중에서 사라지지 않을 거고 그 어느 시점에 본인 병원을 꾸려나가는 원동력이 될 거예요.

Q. 약사 출신 한의사라는 특별한 이력을 가지고 계십니다. 과거에 약사로서 했던 경험이 현재 한의사를 하면서 끼치는 영향이 있으신가요?
A. 저는 양약에 대한 약리적 지식이 있고 임상 경험을 통해 효과와 부작용 많이 지켜봤잖아요. 그리고 한의사로 14년간을 살면서 경험한 것들이 있고요. 양쪽 지식과 경험치를 갖고 있다 보니 각각의 장단점을 잘 알고 있습니다. 환자분을 만날 때 한쪽 지식만 갖고 '어느 쪽이 무조건 맞다, 다른 쪽은 전혀 안된다' 이렇게 접근하지 않아요. 어떤 환자가 이명으로 절 찾아왔을 때 양방 진단은 받아보지 않았다면 청각적 문제로 발생하는 이명을 룰 아웃하기 위해 양방에서 영상 촬영과 진료를 먼저 받고 다시 내원하시도록 돌려보내요. 턱관절 장애가 이명의 원인인 경우가 많지만 필요한 과정이지요.

본인이 먹고 있는 양약 때문에 한약 복용을 꺼리는 경우도 있어요. 그럴 때는 필요성과 발생할 수 있는 문제를 다양하게 설명드리면 걱정을 거두고 대부분 수긍하시고 따라와 줘요. 제가 알고 있는 것들을 활용해 환자분을 설득할 때 좀 더 무게가 실릴 수 있는 거죠. 약에 대해 설명을 해줄 때 양약은 약사의 설명이 전문성 있다고 느끼는 게 당연하지 않을까요? 하지만 약사로서의 커리어가 한의사로서의 제 직능을 행하는데 직접적인 도움이 되는 건 아니에요. 오히려 진료보다 글을 쓰거나 육아나 가족들 케어 등 일상생활할 때 도움을 많이 받았습니다.

Q. 한의계가 제약 분야 관련을 해서 제약 분야로 더 진출을 하려면 어떤 노력이 필요할까요?
A. 제가 처음에 한의사로 살면서 답답했던 부분이, 한약은 제형이 너무 한정적이라는 거예요. 특히 제가 졸업했을 당시에는 탕약, 환약 말고는

전무했다고 봐야 해요. 제약 분야에서 연구하는 것은 정복되지 못한 질환에 신약을 개발하는 부분도 크지만 이미 활용되고 있는 다양한 약들을 먹기 좋고 보기 좋은 형태로 제형을 개발하고, 약물이 흡수될 때 정확한 타깃에 도달하기 위해 적절한 부위에서 녹도록 하는 기술을 연구하고 하는 부분들이죠. 근데 한약은 이런 분야가 사실 거의 전무해요. 제약회사가 있긴 하지만 양약 회사에 비해서는 굉장히 영세하죠. 거기에 중국산, 농약이라는 양방에서 만든 어이없는 프레임을 뒤집어쓰고 매도당하고 있고, 옛것이라는 고리타분한 이미지가 남아있죠.

한약이 이미지를 바꾸기 위해서는 저는 쉽게 우리가 할 수 있는 일들이 다양한 제형을 만드는 거라고 생각해요. 그나마 최근 몇 년 사이에 다양한 제형이 선보이고 있는데요. 이 점이 되게 고무적이에요. 예를 들어 최근에 발달한 다이어트 한약은 캡슐 형태로 출시하거나 유효 성분을 농축시켜 알약 크기를 줄여서 복용하기 쉽도록 만들었어요. 한약 특유의 맛을 없애고 심미성을 올리기 위해 코팅을 하기도 해요. 제형이 달라지는 것만으로도 환자에게 어필이 굉장히 많이 될 수 있습니다. 저희 클리닉에서는 스틱 형태의 농축 한약을 예쁘게 디자인된 포장으로 제작해서 얼핏듀, 얼쏙티 등 환자들이 받아들이기 쉬운 네이밍을 해서 상품화했고 모든 턱관절 환자에게 처방하고 있어요.

좀 다른 얘기로 천연물신약도 한약인데 양방의 필요에 의해 대형 제약회사에서 개발과 상품화 과정을 거치다 보니 우리가 쓸 수 없는 상황이 되어 버렸어요. 이걸 한의사들의 필요에 의해 상품화가 되었으면 같은 상황이었을까 생각이 많이 들어요. 천연물 신약이 효과가 좋고 안전해서 의사들이 많이 쓰는데, 제형이 양약처럼 생겨서 사람들은 양약인 줄 알고 복용하는 거죠. 약국에서도 이미 양약의 제형으로 둔갑한 다양한 한약을 활용하고 있어요. 대부분 상한 처방들인데 생활 속에서 보편적으로 한약을 활용하는 일본에서는 아담하고 먹기 좋은 형태로 다양하게 만들어져 활용되고 있는 분위기가 반영된 거 같아요. 예를 들어 한의원에서는 가루라서 먹기 힘든 배농산이 약국에서는 천연 마이신이라 이름을 붙여서 정제 형태로 팔거든요. 다래끼나 인후통 같은 다양한 염증 질환에 빈번하게 활용되고 있어요. 제형에 한의학의 특색을 담으면서도 현대화, 대중화하는 과정을 한의사들이 주도해야 돼요. 우리가 계속 기존 방식만 고수하는 게 아니라 새로운 방향을 다양하게 모색하면 좋겠어요.

안면 진료

Q. 안면비대칭을 비롯한 안면 분야를 전문적으로 보게 된 계기가 어떻게 되시나요?

A. 저희 큰아이 때문이었어요. 큰 아이가 어렸을 때부터 아프면 제가 책을 뒤지면서 치료를 많이 해봤어요. 아이가 바이올린을 오랫동안 했는데 잘못된 자세가 굳어져서 턱이 틀어지고 통증이 생겼어요. 잘 씹지 못하는 상황까지 되니 이걸 해결하기 위해서 원장님들도 많이 찾아다니고 강의도 듣고 직접 치료도 해봤어요. 치료 과정을 기록으로 계속 남겼는데, 주소증이 해결되고 보니 얼굴형이 많이 바뀐 거예요. 얼굴이 틀어지면서 코도 휘고 치아도 삐드러지고 광대도 튀어나오면서 외형이 이상하게 변하고 있었는데, 어느 시점에 전후 사진을 보니까 얼굴이 몰라보게 바뀌어 있었어요. 이게 뭐지 싶었죠. 이런 외형적인 변화를 보면서 이 분야에 파고들게 됐고, 제대로 하다 보니 안면 비대칭 교정, 얼굴 교정 진료를 하게 됐어요. 이런 계기가 없었으면 별생각 없이 계속 피부 진료를 하고 있었을 거예요. 개원했을 때부터 피부 진료를 해왔거든요. 그런데 지금은 아예 얼굴 교정 진료를 집중적으로 하고 있어요.

Q. 안면교정은 치료 범위가 안면비대칭인가요? 다른 부분이 있다면 대표적인 예시는 뭐가 있을까요?

A. 얼굴 교정의 주 타깃은 안면비대칭이 맞아요. 가장 치료적인 니즈가 많은 부분이기도 하고요. 그리고 안면비대칭은 턱관절 장애와 아주 밀접하게 얽혀 있고요. 거기에 더해 긴 얼굴 증후군이라고 불리기도 하는 아데노이드 얼굴이라는 용어를 들어보신 적이 있는지 모르겠네요. 성장기에 비염 때문에 코로 숨을 못 쉬는 현상이 지속되면 좁고 긴 얼굴로 변하는 특징적인 현상을 의미하는데요. 이 증상도 턱관절 장애가 동반되는 경우도 많고요. 이것도 결국 자세 습관 때문에 발생하는 현상이에요. 경추 커브가 무너지면서 얼굴의 무게중심이 앞으로 쏠리는 전방 두

부 자세가 되고, 아래턱이 뒤로 밀리고 돌아가면서 얼굴 형태가 좁고 길어지는 거예요.

아데노이드 얼굴에 대해서도 이비인후과에서는 그저 비염치료를 해줘야 되는 당위성을 삼은 근거로만 쓰이고 있고 치과에서는 어릴 때 악궁 확장 장치를 착용하고 치아교정을 하는 방식으로 접근을 하는데요. 실제로 이 문제는 한의학적으로 접근하면 보다 근원적으로 해결할 수 있습니다. 한약이나 침을 통해 비염을 치료하고 자세 습관이 나빠서 척추 구조가 무너져있으면 추나치료를 해주면 이비인후과나 치과에서 해결 못하는 부분을 근본적으로 접근할 수 있게 되어요. 턱관절 장애도 마찬가지예요. 결국 틀어진 구조와 밀접한 관련이 있는 경우가 많은데, 턱관절 장애를 주로 보는 치과에서는 턱 디스크나 근육에만 집중해서 진료를 하기 때문에 지엽적일 수밖에 없고 해결되지 않는 부분들이 생기는 거죠.

Q. 아데노이드형 얼굴이 이미 어렸을 때부터 진행되어 성인이 된 경우에도 한의치료가 가능한가요?
A. 성인의 아데노이드 얼굴은 성장이 이미 완료되어 골격이 굳어진 상태예요. 성장기와 달리 얼굴형 자체를 드라마틱하게 바꿀 수는 없죠. 하지만 뼈의 위치와 근육이 변화로 발생한 변형은 바꿀 수 있죠. 그리고 상하좌우 전후로 틀어진 부분은 바르게 교정이 돼요. 그래서 총 얼굴 길이를 줄이고 근육 상태를 개선시키는 것에 초점을 두고 진료를 하게 됩니다. 이 변화가 의미 없느냐는 전혀 아니에요. 전후 사진을 통해 보이는 변화에 흡족해하는 경우가 많습니다.

Q. 턱관절 질환은 아무래도 오랜 시간 누적이 되면서 드러난 경우가 많을 텐데, 이런 경우 장기간 진료를 어떻게 끌고 가시나요?
A. 처음부터 턱관절 질환의 특징, 치료 기간, 치료 과정에 발생할 수 있는 반응, 효과와 예후 등 다양한 정보들을 명확하게 설명해주고 이해시

키는 것이 중요한 거 같아요. 교정은 수술처럼 1회의 액팅으로 변화를 만드는 치료가 아니라서 장기간의 치료가 필요하지만 보존적이고 그래서 안전할 수밖에 없어요. 또한 턱관절 장애는 질환의 특성상 다양한 동반 질환을 갖고 있는데, 이런 질환이 함께 좋아질 수 있으니 상담한 장점이 있어요. 이 부분들을 이해하고 동의해주시는 분들과 함께 하기 때문에 진료를 장기간 끌고 가는 것에 큰 부담을 느낀 적은 없는 것 같아요. 하지만 그 과정에서 환자 분들이 호소하는 몸의 변화에 관심을 갖고 평가지표와 사진으로 확인해서 객관화하는 것도 중요해요. 이렇게 하면 대부분의 환자들이 끝까지 지치지 않고 잘 따라와 주십니다.

Q. 기억에 남는 진료 케이스가 있으신가요?
A. 오랜 기간 동안 치료가 안돼서 너무 고생하셨는데, 저를 만나고 좋아지신 분들이 기억에 많이 남아요. 최근에 70대 여성 환자분은 턱이 너무 아파서 2~30년 가까이 병원을 다니셨는데 어느 시점부터는 교합이 틀어지면서 음식 씹는 것도 힘들고 얼굴도 뒤틀리기 시작했다면서 내원하셨어요. 온갖 치료를 받으시다가 정말 마지막이라고 생각하고 저희 한의원으로 오셨는데 많이 좋아지셨어요. 남은 여생을 이렇게 살아야 하나 하는 마음으로 오셨는데, 지금은 일상생활이 가능해졌을 뿐 아니라 친구들과 등산도 다니고 손주들도 봐주세요. 이렇게 금방 좋아질 걸 왜 오랜 시간 고생했는지 모르겠다고 억울하다고 하시면서 우시더라고요. 저뿐만 아니라 대부분의 한의사는 임상하면서 이런 케이스를 어렵지 않게 만나실 거라고 생각해요. 한의학의 강점으로 주류 의학에서 소외되어 겉돌고 있는 많은 환자분들의 괴로움을 적극적으로 해결해 줄 수 있을 겁니다. 우리가 루틴으로 하고 있는 그 어느 하루의 진료가 한 사람의 삶을 바꾸는 일이 될 수도 있어요.

Q. 안면 비대칭 분야에서 한의 치료의 영역을 넓히려면 어떻게 해야 할까요?
A. 일단 안면 비대칭이 흔하게 접할 수 있는 진료 영역은 아니에요. 다소 생소한 파트를 보다 보니 진료에 근거가 있어야 한다는 생각을 많이 하게 돼요. 치료를 할 때 근거가 있어야 하는데, 일단 안면 비대칭 파트에서 한의학적 근거는 없죠. 그래서 저는 치과, 구강악안면외과, 성형외과 쪽 논문을 읽으면서 그 진료 영역에 대한 지식을 쌓았고 그 진료 영역의 한계를 같이 볼 수 있었던 거 같아요. 이 과정에서 한의학적 근거가 부족하다고 생각돼서 제가 논문을 2개 썼어요. 하나는 증례 논문, 하나는 고찰 논문이었어요. 근거가 부족하다면 내가 직접 만들어서 쌓아나가겠다는 심정으로요. 저는 한의사 후배들이 이런 미지의 영역에 관심을 갖고 파고드는 걸 많이 하면 좋겠어요.

턱관절 치료는 치과와 겹쳐요. '나는 몸신이다' 턱관절 장애 편에 한의사 패널로 나간 적이 있는데 주치의는 치과 교수님이었어요. 그런데 그쪽에서 하는 설명을 들으면서 중요한 부분이 빠져있고 너무 지엽적인 부분에만 집중하고 있다는 생각이 들었거든요. 치과학이 턱관절 치료에서 분명 주류예요. 근데 왜 그 많은 사람들이 그쪽에서 권하는 근거 있는 치료를 받고도 오랜 기간을 해결을 못하고 한의원을 찾아오는 걸까 싶은 거죠. 이 분야는 분명 우리가 해야 되는 일이고 우리가 잘할 수 있는 일이에요.

Q. 턱관절, 안면비대칭 진료에 관심 있는 학생들에게 추천해주시는 공부법이 있으신가요?
A. 일단 기본적으로 이영준 원장님이 고안한 FCST 치료법이 있는데 턱관절균형학회를 통해 이 치료법을 배워야 해요. 척추 정렬을 맞추기 위해 추나 치료도 제대로 할 수 있어야 하고요. 그리고 DO(정골 의사)가 하는 진료에 대한 지식들도 필요해요. 특히 두개골 정렬하고 뇌척수액 흐름을 개선해 다양한 두면부 질환을 치료하는 수기치료인 cranial

osteopathy를 꼭 공부하셔야 합니다. 그리고 교합이나 턱관절에 대한 지식을 쌓기 위해 치과 교과서와 논문도 많이 읽어야 해요. 근육, 관절, 인대 등의 인체 구조물의 특징을 잘 이해하기 위해 해부학, 근육학도 공부해야 하고 물리치료학적 지식도 도움이 될 수가 있습니다.

Q. 경미한 비대칭과 턱소리가 있어서 혼자 치료할 수 있을까 하는 궁금증이 있을 경우에도 말씀 주신 공부법 적용이 가능할까요?
A. 무조건 찬성이에요. 혼자 해봐도 돼요. 본인의 문제라면 그 질환을 누구보다 잘 치료할 수 있는 의사가 될 좋은 기회가 될 수도 있어요. 누구보다 절실하기 때문에 깊게 파고들 수 있고 그 질환을 겪어보지 못한 다른 의사보다 잘 이해할 수 있어요. 그리고 같은 증상을 갖고 있는 지인이나 가족들에게 적용해보면서 재현성을 확인하면 이 치료에 대한 자신감이 생길 거예요.

임상하는 자세는 연구하는 자세와는 좀 달라요. 임상에서 활용해보고 유의한 데이터가 쌓이고 재현성이 있는 것이 확인되면 논문으로 쓰이고 발표가 되고 확산이 되는 거죠. 완벽하게 원리가 규명된 치료법만이 임상에 쓰이는 것이 아니에요. 임상을 잘하는 의사는 열린 시각을 갖고 실천하는 사람이에요. 교과서적인 지식뿐 아니라 경험적으로 인정되는 치료법도 열린 마음으로 듣고 공부 해려는 마음이 필요해요. 임상의로서 제일 중요한 건 환자를 잘 치료하는 거잖아요. 주류 의학에서 말하는 치료법이 무조건적인 답은 아니에요. 환자들은 결국 자신의 문제를 제대로 해결해 줄 수 있는 의사를 원하지 한방이냐 양방이냐의 문제는 중요하지 않은 부분이에요.

Q. 턱관절 치료에 한의 치료를 쉽게 떠올리기 어려운데 한약도 쓰시나요?
A. 턱관절 장애 환자는 턱 통증뿐 아니라 안면부 마비감, 이상감각, 두통을 많이 호소하시는데요. 이런 증상들을 빨리 호전시키기 위해 초기에

한약을 써요. 비대칭 교정만 원하는 분들은 한약을 처방하지 않지만, 턱관절 장애 환자분들에게는 100% 처방해요. 진통제가 무용지물인 만성 통증에 한약은 의미 있는 효과를 만들어 낼 수 있어요. 제가 하는 진료의 본질은 교정치료니까 한약은 보조적 수단이긴 한데 그래도 한의사로 할 수 있는 다양한 범주의 치료를 환자가 다 경험해볼 수 있도록 하는 것이 중요해요. 한약이 무조건 탕약을 의미하는 것은 아니에요. 복용하기 편하고 맛도 좋고 비용 부담도 덜해서 저항 없이 받아들일 수 있도록 하기 위해 제형 고민을 많이 했어요. 그 결과 앞에서 언급했듯이 저희 클리닉만의 상품을 만들어 환자들에게 처방하고 있죠.

콘텐츠

Q. 유튜브, 브런치, 책 등을 통해 다양한 콘텐츠를 만들고 계시는데, 어떻게 시작하게 되셨나요?
A. 한의원 홍보를 고민하면서 시작하게 되었어요. 진료만 했다면 이런 다양한 콘텐츠 고민을 할 기회가 없었겠죠. 새로운 파트 진료를 시작하면서 홍보팀과 효과적인 콘텐츠들을 고민하면서 하게 됐어요. 제가 하고 있는 진료의 가치를 알리려 한다면 이미 활성화된 플랫폼을 활용하는 게 가장 좋아요. 그러다 보니 유튜브고 하고 블로그도 하고 여러 가지 시도를 했어요. 처음부터 잘될 수는 없지만 '꾸준함'으로 다양한 콘텐츠들을 누적을 시켜가다 보면 관심이 있는 대중에게 어필되는 시점이 반드시 오게 되어 있어요.

저의 경우 브런치가 일을 여러 영역으로 확장하게 된 계기였어요. 처음 글은 아무 반응이 없었어요. 근데 2번째 썼던 글이 브런치에서 에디터분들 눈에 띄어서 다음 포털, 카카오톡 채널 등에 올라갔어요. 이 글이 페이스북을 타고 재생산되기도 하고 핀터레스트, 구글 등으로도 확대되었죠. 어떤 글은 하루에 5만 명, 10만 명이 읽기도 하는 등 제 브런치가 파급력이 생기기 시작했어요. 그렇게 에디터들이 좋아하는 글의 공통된 특징을 생각하면서 글을 쓰기도 하고, 다양한 시도를 해보기도 하고 노력을 하니깐 노출되는 글도 점점 많아졌어요. 당연히 구독자도 늘어나고요.

글로는 모든 정보의 전달에 한계가 있기도 하고, 요즘 사람들이 선호하는 방식이 영상이다 보니 지금은 유튜브로 콘텐츠 생산의 무게중심이 많이 쏠려 있어요. 저는 원래 사진 찍히는 것도 싫어하고 영상 찍는 것도 '극혐'이라고 하죠? 그 정도로 싫어했는데 해야 하니까, 꼭 해야 될 일이 되다 보니 꾸역꾸역 하게 된 거죠 (웃음). 하다 보니 이제는 요령도 생기고 편해졌어요. 그리고 같이 일하는 사람들이 누구냐도 중요해요. 한의원 홍보팀과 같이 아이디어 내고 고민하면서 하고 있습니다. 이렇게 꾸준히 콘텐츠들도 만들다 보니 여러 기회들이 생기는 것 같아요.

Q. 다양한 콘텐츠를 만들 때 제일 중요하게 생각하시는 부분이 무엇인가요? 추후 콘텐츠 제작에 관심이 있는 한의대생들에게 조언(꿀팁?) 한 말씀도 부탁드려요!
A. 우리는 한의사, 의료인이기 때문에 '전문성'을 갖춰야 해요. 정보가 수박 겉핥기 식이면 전문성이 없다고 느껴지기 때문에 정보의 '깊이'가 있어야 해요. 브런치 글 하나를 쓰는데도 논문 여러 편을 읽고, 턱관절 관련 글 하나 쓰려면 치과 쪽 교과서를 다 찾아보고. 이러다 보니 글 하나를 쓰는데 시간이 굉장히 많이 걸려요. 하지만 비례해서 브런치 글 하나에 담긴 정보가 굉장히 깊어지고, 이 글들을 읽고 내원하는 분들도 많아요. 글을 통해 의료진에 대한 믿음을 갖게 되고 먼 길을 마다하지 않고 찾게 되는 거죠. 그리고 앞서 말했듯이 '근거'도 중요해요. 주제에 맞는 논문, 교과서 인용하는 거죠. 끊임없이 근거를 찾고 첨부하는 작업이 중요해요. 그래서 브런치 글뿐 아니라 유튜브 영상 하나에도 근거 없이 떠

드는 것은 최대한 피하려고 합니다. 여기에 더해 '진실성'도 중요합니다. 제가 진료현장에서 경험한 것을 글로 써서 표현하면 진실된 내용이 되는 거죠. 각색하거나 지어낸 글은 환자들이 다 알아요. 만약 콘텐츠를 홍보로만 접근한다면 예쁘게 꾸미는 것도 챙겨야겠지만, 저희는 일단 의료인이고 환자에게 정확한 의료정보를 주는 것이 중요하잖아요. 이런 점들을 기반으로 해서 마케팅을 위한 세련됨을 입히면 더할 나위 없이 좋은 콘텐츠가 되는 거죠.

학생분들에게 드리고 싶은 말씀은, 지금이라도 본인만의 플랫폼을 꾸준히 키워나가는 것이 중요해요. 인스타그램도 좋고, 블로그도 좋고. 본인 플랫폼을 만들고 고민하면서 지속적으로 성장시켜나가다 보면 어느 시점에 그 플랫폼을 중심으로 물고가 트이는 시점이 반드시 올 거예요. 그 플랫폼이 도약할 수 있는 기회가 되기도 하고, 본인 병원을 하더라도 남들과 차별화할 수 있을 거예요. 지금이라도 늦지 않았어요. 대부분 본 3,4 아닌가요? 계속 관심 분야를 공부하면서 콘텐츠를 쌓아 가보세요.

Q. 콘텐츠를 만들 때 전문성과 대중적인 설명 사이의 딜레마는 어떻게 해결하시나요?
A. 저는 사실 전문성을 택했어요. 말 자체도 구구절절하는 스타일이고 글도 그래요. 그래서 저희 홍보팀에서 글 좀 쉽게 써달라고도 이야기하는 경우도 있어요.(웃음) 저도 알지만, 너무 쉽게 가는 것보다 어려워 보일 수 있지만 전문성을 택해서 일을 한다고 보시면 될 거 같아요. 제가 꾸준히 만들어내기 편한 스타일이기도 하고요. 전문적으로 보일 수 있도록 깊이가 있는 정보를 넣어서 글을 쓴 거죠. 글을 보고 진료받으러 오시는 환자분들도 깊이 있는 정보에 공감하셔서 찾아오시는 거 같아요. 결국 본인이 잘하면서 오랫동안 편하게 할 수 있는 쪽을 선택한 것 같아요.

Q. 인생 그래프를 그린다면? Up(가장 뿌듯) &Down(포기하고 싶었던 순간, 극복 방법)

A. 가장 뿌듯했던 순간은 한의대에 합격했을 때에요. 생애 처음 꼭 해야 겠다고 마음먹은 일, 한의사라는 목표를 향해 부단히 노력했고 비교적 짧은 기간 내에 그 목표를 이루는 경험을 했기 때문에 그런 거 같아요. 인생에서 가장 힘들었을 때는 저희 아이와 관련 있어요. 두 아이 출산 시기가 첫째는 본 2, 둘째는 졸업 직후였는데, 둘째가 태어난 후로 큰 아이가 1달 반이라는 기간 동안 아팠어요. 내가 알고 있는 지식을 총동원해 보고 한의사 선배한테 조언을 구해 한약을 써봐도 무효, 결국 소아과, 어린이 종합병원, 전국 유명 한의원까지 다 다녔는데도 병명도 모르고 해열이 안 됐어요. 결국 도와줄 사람은 없고 돌고 돌아 결국 내 몫이 되더라고요. 매일 아이를 안고 의서를 찾고 처방해서 먹이고 하는 과정을 반복했어요. 그렇게 시간이 흐르고 어떤 한약이 들었는지 모르겠지만 좋아졌어요.

이 과정을 거치면서 제 자신의 한의사로서의 임상 능력의 현 지점도 알게 되었고 열심히 공부해야겠다는 다짐을 많이 했어요. 임상을 하는 자세도 많이 바뀌어서 겸손해지고 영적으로도 성장했던 계기가 되었던 거 같아요. 이런 마음가짐으로 임상을 하다 보니 큰 아이의 턱관절 치료도 할 수 있다는 믿음을 갖고 집요하게 붙들고 해결 실마리를 찾으려고 했고 그게 현재 제가 하고 있는 진료의 바탕이 되었으니깐요. 인생에서 최악의 순간이라고 느껴져도 결국은 더 높은 곳에 올라서기 위한 전환점이었던 거죠. 엄마가 돼서 한 아이를 키워내는 일이 위대하다고 하는 이유가 아이가 크면서 미숙하기 그지없었던 한 인간이 덩달아 성장하기 때문이 아닌가 해요.

Q. 어떤 분들에게 한의사라는 직업을 추천하시나요?
A. 의사는 다양한 사람을 만나 그들의 고통을 듣고 치료적 도움을 주는 일을 하는 사람입니다. 이런 일들이 즐겁고 보람차다고 느끼는 성향을 갖고 있어야 될 거 같아요. 특히 한의사는 질병 자체보다 사람에 집중해야 하니깐 더 중요한 부분이라고 생각해요. 병의 원인을 집요하게 물어보고 관찰해야 되는데 그 과정이 즐겁지 않다면 하기 힘들 거 같거든요. 그리고 정확한 진단과 치료법을 찾으려면 무엇보다 지식의 깊이가 필요합니다. 그래서 꾸준히 공부하는 성실함을 갖고 있어야 합니다. 공부를 하다 보면 어떤 문제가 한 부위를 치료한다고 해결되지 않기 때문에 다른 영역으로 확장될 수밖에 없어서 결국 임상을 하다 보면 점점 공부할 게 많아집니다.

Q. 앞으로 한의사가 될 한의대생들에게 해주고 싶은 말씀이 있으신가요?
A. 학교 다닐 때 다양한 경험을 하시길 바라요. 내 경험치가 부족해서 환자가 이해가 안돼서 진료가 산으로 가는 경우가 생겨요. 사람도 많이 만나보고 겪어보세요. 저는 학부생 때 돈 버느라 이걸 못했어요. 그런 의미에서 대만큼 되게 멋있다고 생각해요(웃음). 이런 활동도 하면서 선배들 얘기도 들어보고, 여러 생각들을 경험해보면 그 시간이 절대 허공에 버려지는 시간이 아니에요. 이런 시간들이 여러분을 성장시킬 것이며, 나중에 환자를 마주할 때, 경영을 할 때, 콘텐츠 하나를 만들더라도 남들과는 다르게 할 수 있는 원동력이 될 겁니다. 여러분의 지평을 넓히는 경험을 하고 인생을 바꿀 사람을 만나는 것, 학생 때는 제일 중요한 일인 거 같습니다.

Q. 앞으로의 목표, 되고 싶은 한의사의 모습이 궁금합니다!
A. 5년 안에 꼭 하고 싶은 게 있어요. 안면비대칭이 워낙 생소한 분야이다 보니 한의사로서 활용할 수 있는 정보가 너무 부족하더라고요, 그래서 양방의 논문을 많이 읽고 부족한 부분을 논문으로 쓰기도 했는데, 그

러다 보니 생긴 목표인데요. 안면비대칭 분류법 하나만 예로 들어도 그 정보가 너무 편향되어 있어요. 성형외과는 3가지, 치과는 5가지예요. 성형외과는 수술의 관점으로 보고, 치과는 치아 해부학적 관점으로 단순히 나눠놨어요. 완벽하지 않은 분류법이고, 이 분류법에서 배제되어 있는 아주 많은 케이스들이 있거든요. 이러한 부분을 반영한 새로운 분류법이 필요한데, 이건 한의사만이 만들어 낼 수 있는 일이라고 생각해요. 수술이 필요치 않은 좌우 차이가 6mm 이하라면 치료의 필요성을 못 느끼냐 아니거든요. 4mm 정도의 차이를 갖고 있는 사람이 있다면 굉장히 신경 쓰여하세요. 실제 4mm라고 들었는데 교정해서 위치가 개선되면서 전혀 비대칭을 못 느끼게 되는 케이스도 있고요. 그러다 보니 그 정도가 아닌데도 수술을 선택하시게 되는 거죠. 또한 자세가 만드는 비대칭이 분명 있는데 이런 점들은 고려가 안됐어요. 이런 점들을 포함시킨 분류법을 만들어서 논문으로 발표하고 싶어요. 좀 더 나아가서 안면비대칭 한의원마다 진료하는 방법이 다 달라요. 다 어느 정도 효과는 있기 때문에 그렇게 하고 있겠지만 사실 주먹구구일 수 있어요. 이런 것들을 통일해서 표준화된 임상 진료지침을 만들고 싶어요. 저는 계속 이 분야 진료를 볼 것이기 때문에 꼭 해야 되는 일이라고 생각해서 자연스레 개인적인 목표가 되었습니다.

Q. 앞으로 원장님께서 하시는 일이 세상을 어떻게 바꿀까요?
A. 많은 사람들이 수술, 단박에 낫는 약과 같은 극단적인 치료방법이 보다 좋은 치료법이고 보존적이고 안전한 치료는 효과가 없는 하찮은 치료라고 여기는 편향된 시각을 갖고 있어요. 안면비대칭은 그 사람이 가지고 있는 습관, 생활패턴 등이 집약되어서 생긴 결과거든요. 또한 구조 불균형은 크고 작은 건강 문제들과 엮여있어서 구조를 재정렬해주는 치료는 한 사람이 가지고 있던 고질적인 삶의 패턴을 바꿔줘요. 특히 성장기 아이라면 이러한 치료의 중요성은 커지겠죠. 얼굴 교정 진료를 시작하면서 저도 이런 지식들을 미리 알았다면 내 아이가 턱이 아파하는 상

황까지 그냥 방치하지 않았을 거라고 생각해요. 부모라면 아이 키울 때 꼭 알아야 되는 내용이라고 생각하는데, 많은 사람들이 그 중요성을 간과하고 있어요. 그래서 글이나 영상 등 여러 매체를 통해서 제가 하고 일을 사람들에게 알리고 그들의 생각을 바꿔주는 일을 하고 싶어요.

원장님의 깊은 생각과 고민들이 느껴지는 여러 말씀을 들으며 시간 가는 줄 모른 인터뷰였습니다. 한의학 고유의 진료영역을 개척하고 계시는 과정이 인상 깊게 와닿으면서, 자긍심을 갖고 학창 시절 동안 열심히 공부하라는 말씀에 여운이 남습니다. 바쁘신 와중에도 긴 시간 내어주신 원장님께 다시 한번 감사의 말씀드립니다! :)

Interviewer. 코카, 토끼, 코알라, 펭귄, 기린
Writer & Editor. 코카

약사에서 한의사로,
우주연 한의사
(1-2)

...
약학과 한의학을 오가며, 한의학의 새로운 지평을 열다.

의료계의 수많은 세부 분야 중, 약학과 한의학은 어떻게 비슷하고 또 다를까요? 약사이자 한의사이신 우주연 원장님의 새로운 시각을 소개합니다. 약사 출신 한의사의 이야기, 지금 시작합니다!

우주연 원장님 약력
- 이화여자대학교 약학과 졸업
- 부산대학교 한의학 전문대학원 석사 졸업
- 미국미시간주립대학교(MSU)정골의학대학 (AOMM) 연수
- 싱가포르 Sundardas naturopathic clinic 연수
- (현) 우주연한의원 원장

Q. 안녕하세요. 간단하게 자기소개 부탁드립니다.
A. 안녕하세요 저는 우주연한의원 원장 우주연입니다. 이화여대 약대를 졸업하고 약사로 일하다가 한의대에 다시 입학해서 우주연 한의원을 운영하고 있어요.

Q. 요즘 원장님의 일과, 일주일 일정이 어떻게 되시나요?
A. 일단 제가 4살 된 딸이 있어요. 아침에 아이를 깨워서 책도 읽어주고 같이 놀아요. 그리고 어린이집에 데려다주고 저도 출근을 해서 종일 진료를 보죠. 야간진료가 없는 날에 칼퇴근을 한다면 7시에 가야 되는데, 휴족 시간(우주연 한의원 옆 우주연해독연구소에서 시행하는 족욕기계를 이용한 해독치료, 이하 동일)이 9시까지 해요. 저희 환자분들 중에서도 하는 분들이 계셔서 그분들이랑 얘기도 좀 나누고 마무리 처방 내고하다 보면 8시 반 정도 돼요. 그렇게 퇴근하고 집 가서 저녁 먹고 아이랑 놀면 하루가 끝나요.

좀 특이한 일정으로 수요일 아침에 비즈니스 조찬 모임을 해요. 강남 서초에 있는 호텔에서 아침 6시 반부터 두 시간 동안 40명 정도의 대표님들과 모여서 하는 비즈니스 네트워크 모임이에요. 자기 PR을 하고 본인 사업을 홍보하는 자리이죠. 제가 진짜로 알리고 싶은 제 모습에 대해 자꾸 생각하게 돼서 좋고, 한의사만 하면 절대 알 수 없는 인맥을 쌓기도 하죠. 해외에도 있어서 기회가 되면 그쪽에 계시는 분과 직접 연결할 수도 있어요.

목요일은 휴진일인데 주로 직원들과 마케팅 회의를 하거나 직원 교육을 해요. 그리고 제가 이화여대 약대를 졸업했는데, 이대 여성 지도자 모임 클럽이 있어요. 그분들과 만나서 예술, 음악과 같은 교양수업도 듣고 친목 모임도 해요. 토요일에는 오후 3시까지 진료를 하고 마치면 다른 한의원도 좀 가보고, 제가 마사지 받는 것을 좋아해서 마사지 잘하는 분들을 찾아다니면서 받아요. 최근에도 영등포에 신의 손 고수 분을 한 분 알게 돼서 여러 회차 끊어놓고 받고, 괜찮으시면 저도 좀 알려달라고 해서 배우고 그래요. 일요일에는 주로 세미나가 있고, 가족과 시간을 보내죠.

Q. 하는 일이 정말 많으신데, 힘들지 않으신가요?
A. 저희 직원들도 맨날 하는 얘기예요.(웃음) 그러면 전 이렇게 답해요. "한약 먹잖아. 매일 두 개씩 먹잖아." 진짜 예전에는 밤도 잘 새우고 동시에 여러 일도 막 할 수 있었는데, 아기 낳은 뒤로는 쉽지 않고 워밍업 하는데 시간이 좀 걸려요. 그래서 365일 한약을 먹어요. 한약은 절대 간에 해롭지 않아요. 직접 겪어봐야 해요. 저도 학교 다닐 땐 안 그랬는데 개원하고 초창기부터 먹기 시작했어요. 한의대 학생분들은 지금부터라도 원외탕전원에 가입해서 변증하고 먹어보세요.

일과를 보면 한의학이 코어이고 그 주변 곁다리로 도움 되는 것들은 다 배우는 그런 결이에요. 번아웃이 온 적도 있었는데 그때 한의원을 지금 자리로 옮겼어요. 저는 번아웃이 힘들 때 오는 게 아니라 정체될 때 와요. 재미가 없어서 저를 추동시켜주는 힘이 없으면 정체되고 번아웃이 오는 거죠. 특히 매너리즘, 매뉴얼화되는 걸 싫어해요. 매뉴얼화해서 누구나 보면 할 수 있게 만들어 놓으면 재미가 없어지더라고요. 약사였을 때도 제가 없어도 굴러가는 시스템을 싫어했어요. 그래서 모든 환자분들에게 처방과 침 치료가 매번 다 달라요. 그날의 느낌과 환자분 상태에 따라서 다 다르게 하거든요. 그게 너무 재미있어요. 이런 성향에 맞으면 추나도 재미있을 거예요. 경추 추나에 C1, C2, C3, 승모근, 견갑거근 딱 4개만 해야지 하면 이건 노동이죠. 테라피가 아니라고 생각해요. 자꾸 저를 추동할 수 있는 에너지 소스가 있어야 되고, 그런 게 없으면 변하고 싶어 하면서 또 다른 뭔가를 할 거예요.

Q. 그렇다면 요즘 원장님의 가장 큰 원동력은 무엇인가요?
A. 또 다른 사업을 구상 중이에요. 하나는 교육이고 다른 하나는 의료 관광인데 진료에서 조금 벗어나는 영역이기는 해요. 9년간 진료를 보니까 제가 환자를 어느 수준까지 치료할 수 있는지가 대략 감이 와요. 내가 어떤 부분을 잘하고, 이런 환자는 내가 확실하게 케어할 수 있다 하는 것들

이요. 그리고 나니까 이제 한 단계 위의 한의학을 하고 싶은 거예요. 타깃 군을 대중과 vip으로 나눠서, vip는 내가 직접 케어하고 대중은 교육을 하자는 목표를 설정했죠. vip는 국내보다는 외국을 겨냥한 한의학의 프리미엄 콘셉트로 준비 중이에요. 잘되면 한의학이 새로운 한류가 되지 않을까 하는 꿈을 꿔요.

Q. 그런 아이디어는 일상 속에서 얻으시나요?
A. 네 제가 좋아하는 결이 있어요. 지인들은 다 아는데 제가 홀리즘(holism)을 좋아해요. 전인적이고 힐링받는 느낌. 저희가 고급 리조트나 고급 스파에 가면 느껴지는 그런 기분 있잖아요. 차분하고 천연, 온전히 케어 받는 느낌, 치유되는 느낌, 편안함 이런 것들이죠. 이런 것을 왜 꼭 의료인이 아닌 비의료인에 의해 받아야 하는지 의문이에요. 현재는 아모레퍼시픽이 다 하고 있죠. 전문가가 붙어서 하면 더 좋을 거라고 생각해요.

Q. 첫 전공인 약학과를 선택한 계기가 무엇이고, 약사에서 한의사로 이직을 결심한 계기가 어떻게 되시나요?
A. 저는 어린 시절에 한약을 자주 접했어요. 아버지는 의사, 어머니는 약사셨는데 어머니가 한약을 많이 다루셨어요. 어머니는 제가 중2 때 중국으로 6년간 유학을 가셔서 흑룡강 중의약대학에서 중의사 자격증을 따고 돌아오셨죠. 그래서 저도 어렸을 때부터 아플 때도 타이레놀보다 한약을 먹고, 그 효과를 몸소 느끼면서 자랐어요. 근데 제 입시 당시에 한의대는 너무 높았고, 지방대 의대와 이화여대 약대에 붙었어요. 서울에서 대학생활을 하고 싶어서 약대를 택했죠. 약대 수업은 너무 재미있었어요. 화학, 생물, 미생물 등에 대해 얕고 넓게 다 배울 수 있었거든요. 대략적으로 여러 과목을 다 알 수 있는 약대의 커리큘럼은 만족스러웠는데, 막상 졸업 후 약사로 일을 하면서 생각이 달라졌어요. 약리기전은 명확한데 환자에게 사용해보니 예상보다 부작용이 많았던 거예요. 그래

서 한약학과에 편입하려고 했는데, 찾다 보니 부산대학교에 한의학 전문대학원이 생겼더라고요. 기존에 약사도 했고 약사 국시 본지도 오래되지 않아서 4개월 준비하고 합격할 수 있었어요.

Q. 한의사라는 직업이 가지는 강점이 뭐라고 생각하시나요?
A. 한의사의 강점은 한의학을 한다는 거예요. 한의학은 대단한 학문이에요. 몸을 볼 수 있는 언어를 갖고 있거든요. 교육을 통해 그 언어를 배우는 거고요. 그리고 우리나라는 아직 의료일원화가 안돼 있어서 중국, 일본과 다르게 독자적인 의료 체계를 유지할 수 있는 게 정말 큰 강점이에요. 언어를 보다 네이티브로 구사할 수 있게끔 스스로 체화한 후에 몸을 탐구하면 정말 좋은 직업인데, 이 언어를 못 보고 자꾸 다른 시각으로 적용하려 하면 한계만 느껴질 뿐이에요. 엑스레이, 혈액검사에 연연할게 아닌 거죠. 이 고급스러운 의료를 어떻게 일반인에게 문화적으로 접근해서 자연스럽게 건강에 도움이 될지 고민하는 게 세계의 흐름이에요. 한의학의 강점은 인간 자체를 그대로 볼 수 있는 눈이 있는 학문인 것이고, 스스로 조절해서 자연적으로 치료될 수 있게끔 할 수 있는 굉장히 강한 학문입니다. 자부심을 가져도 돼요.

Q. 세계의 흐름이라고 말씀하신 부분과 관련해서 좀 더 구체적으로 궁금합니다.
A. 예를 들면 예전에는 미국에서 카이로프렉터가 대세였어요. 뼈를 맞추면 그것을 중심으로 다른 부분들이 조절될 것이라는 이론이 기반이었죠. 당시에는 뼈가 상위 개념이었다면 지금은 뇌신경계가 상위 개념이고 근골격계는 뇌신경계를 서포트하는 위치예요. 때문에 근골격계 조직은 상위인 신경계를 보호하기 위해 희생할 수도 있는 거죠. 양방에서는 오십견이 있으면 스테로이드를 놓고 수술을 해서 치료해요. 근데 단순히 이렇게 볼게 아니라 어깨가 이렇게 된 원인이 몸 안에 어떤 신경계를 보호하기 위한 다른 반응이지 않았을까를 생각하는 거예요. 만약 왼쪽

으로 가는 혈액량이 줄어들었기 때문이라면, 왼쪽 심장의 혈액 공급을 좋게 하는 치료를 하면 어깨도 자연히 좋아질 텐데, 이런 본질은 보지 못하고 어깨만 치료하면 올바른 치료법이 아니라는 거죠.

이런 방식이 앞에서 언급한 해외의 추세입니다. 외국에서 지금 많은 연구가 이뤄지는 분야 중 하나가 림프예요. 기존에는 연구된 게 거의 없었어요. 뇌에 림프가 있다는 것도 얼마 전에 밝혀졌고 뼈에도 림프가 있고요. 근데 이 림프라는 게 결국은 경락이고 혈일 수 있거든요. 지금은 신경에 초점이 맞춰져 있는데 결국 이 흐름이라는 게 림프일 수 있다고 해요. 이렇게 해외에서는 림프 쪽으로 상당히 많은 연구가 진행 중인데 국내에서는 이런 트렌드를 따라가지 못하는 경향이 있어요. 한의학도 이런 분야를 자꾸 접목시켜야 된다고 봐요. 해외 논문들도 찾으면서 흐름을 타면 점차 중심부로 나아갈 수 있을 거예요.

Q. 원장님께서 평소에도 공부를 많이 하신다고 말씀하셨는데. 혼자 개인적으로 하시나요 아니면 학회나 스터디를 통해 공부하시나요?
A. 저는 책 읽는 것은 별로 안 좋아해요. 대신 보고 따라 하는 걸 잘해요. 청각적, 시각적인 자극이 굉장히 오랫동안 남는 것 같아요. 그래서 강의는 거의 오프라인 강의를 찾아다니면서 직접 듣고 해 보는 편이에요. 지금은 아로마 테라피 자격증 과정을 하고 있어요. 에센셜 오일, 천연 식물에 대한 약리 작용, 히포크라테스식으로 아로마 오일을 사용했던 방법, 고대에 아로마를 사용했던 방법 등등을 배워요. 그리고 약용 식물 자원 관리사라는 자격증 동영상 강의도 듣고 있어요. 그 외에는 비즈니스와 관련해서 효과적인 설득법 대화 방법 이런 것들도 강의를 듣고 있어요.

Q. 원장님 하루가 24시간이 맞으신가요?(웃음)
A. 제 몸이 3개면 좋겠어요. 하고 싶은 게 너무 많아요. 근데 다 저처럼 할 필요는 없어요. 저는 좋아서 하는 거거든요. 여러분들도 이게 좋으면 자기도 모르게 할 수 있을 거예요.

Q. 두 번째 대학생활을 하면서 학부시절에 어떤 학생이셨나요? 그리고 학창 시절에 기억에 남는 활동 혹은 고충이 있으셨나요?
A. 한의전에 입학하고 이미 알고 있는 면역학, 미생물학 수업을 들으니까 시간이 남았어요. 연구를 해봐야겠다 싶어서 학교 면역학 교실에 들어갔고, 수업 끝난 4시부터 밤 11시까지 실험실에서 실험을 하면서 초반 2년의 학부생활을 보냈어요. 그때 염증 지표물질에 대해 연구하는 교수님 밑에서 있으면서 SCI 논문 2편을 출판했죠.

제가 원래 멀티로 여러 일을 하는 것을 좋아해요. 연구를 끝내고 나니까 또 시간이 남아서 약국에서 아르바이트를 했어요. 개원 전에 환자 대하는 법 배우기 목표를 세우고 환자가 엄청 많은 마트 약국에서 주말 알바를 했어요. 토, 일 아침 10시에 출근해서 저녁 9시까지 일했는데 혼자 하루에 150건 넘는 처방약을 조제하고 일반약도 100만 원 이상씩 매출을 올렸어요. 시험공부도 약국에서 환자가 없는 중간중간에 했죠. 일이 익숙해지니까 실습 중 평일에도 시간이 남아서 울산에 있는 요양병원 약국 알바를 하나 더 했어요. 일주일에 2번씩 양산-울산 50분 거리를 출퇴근하면서 일했어요. 5시에 가서 약조제를 하고 돌아와서는 노는 것도 포기 못해서 밤 11시부터 새벽까지 술 마시고 아침 9시 수업 들어가고 이랬어요.

그리고 약대 시절에 오케스트라를 굉장히 열심히 했었는데, 한의대에서도 하고 싶은 거예요. 그래서 구하기 힘든 악보들 구해서 세팅해 놓고 동아리 부원들 연습시키고 연말에는 음악회 주최하고 했어요. 당시 남자 친구가 의대생이라 바빠서 온전하게 저만의 시간 4년을 보낼 수 있었던 것도 있어요. 대학교 2학년 때 소개팅해서 만난 남자 친구랑 10년 연애하고 결혼했어요. 신랑은 의학전문대학원, 저는 한의학전문대학원을 목표로 해서 같이 공부하고 제가 먼저 부산 한의전에 온 뒤 다음 해에 남편이 부산대 의전에 오게 됐어요. 남자 친구가 더 바빴어서 중간중간 먹을 거 챙겨주면서 하고 싶은 일들 여러 가지를 다 했던 것 같아요. 알바를 많이 해서 여행도 많이 다녔고. 학부 때가 제 리즈 시절이에요. 이렇게 얘기하니까 또 학생 때로 돌아가고 싶네요.

Q. 정말 많은 일을 하셨는데 혹시 체력 관리는 어떻게 하셨나요?
A. 저는 무조건 잘 먹었어요. 밥 세끼를 딱 잘 먹고 간식은 안 좋아해서 안 먹어요. 머리 대면 잘 자는 것도 있고, 몸을 불편하게 하는 편이에요. 방바닥도 엎드려서 다 손으로 닦고, 손빨래도 좋아하고, 이렇게 몸을 많이 움직이는 걸 좋아해요. 잠깐 짬 날 때 뭘 하는 것도 좋아해서 예를 들어 1~2시가 점심시간인데 1:20에 점심을 먹었으면 따릉이 타고 청계천 따라서 쭉 돌고 50분에 딱 한의원에 들어와요. 건강관리도 되고 이런 성취감을 굉장히 좋아해요. 따로 헬스장을 다니거나 하진 않고 이렇게 아날로그 방식이죠. 그리고 제 몸을 혼자서 인지를 많이 해요. 땅콩 볼 하나만 있으면 음악, tv 없이 한 시간 반 동안 누워서 셀프 마사지를 할 수 있어요. 멍 때리는 것도 많이 해요. 운전할 때도 노래 안 듣고 멍 때려요. 이건 짬 내서 휴식하는 시간이겠지요. 무엇보다 아이가 있으니까 아이를 끌어안고 자면 정말 완전히 충전되는 느낌이 들어요.

Q. 만약 다시 한의대생으로 돌아갈 수 있다면 하고 싶은 일이 있으신가요?
A. 사실 학부생 때 하고 싶은 건 후회 없이 다 해보기는 했는데 하나 있어요. 4년 내내 같은 사람들을 보다 보니까 맥진, 설진 스터디를 했으면 어땠을까 싶어요. 임상에서는 일주일에 한두 번 오는 사람들을 대상으로 하다 보니까 바이어스가 너무 많아요. 근데 학생 때는 대부분 비슷한 환경이고 시간도 얼마 안 들여도 되잖아요. 10명 정도 그룹을 만들어서 매일 그 사람의 기분, 컨디션 상태에 따라 맥진, 설진을 하고 계속 기록하면 좋겠다 싶어요.

Q. 한의원을 개원하면서 고충이 있으셨는지. 그리고 한의원 운영에 개인적인 철학이 있으신지 궁금합니다.
A. 저는 수셈에 좀 약해요. 이 물건을 얼마에 사들여와서 얼마를 남기고 팔아야 내가 이득인지 계산을 잘 못해요. 그래서 일을 벌일 수 있는 것도 있죠. 사실 이런 셈에는 크게 가치를 두지 않고 제가 얻는 경험, 그리고 제가 이렇게 했을 때 환자에게 어떤 변화가 있는지 등에 포커스를 둬요. 하지만 경영이라는 건 저 혼자 하는 게 아니잖아요. 제 경험이 아무리 중요해도 일단 한의원이 돌아가야 해요. 그래서 초반에 재무에 대한 계획, 관리 등이 어려워서 직원분을 고용했고 현재 총괄 실장님이 다 해주고 계세요. "원장님 그건 이제 그만 주문하셔야 돼요!" 이런 거 해주세요(웃음)

그리고 진료 시간과 관련된 부분도 있어요. 예를 들어 추나치료도 보통 5분이면 끝난다는데 저는 제가 만족할 때까지 하는 거예요. 시간이 15분이 되더라도 제가 만족하고 환자분도 안 아파질 때까지 해요. 저는 이게 성취감 있고 재미있는데, 환자가 계속 밀리니까 직원들이 힘들어해요. 이런 부분을 조절하는 건 사실 지금도 힘들어요. 그래서 앞에서 언급한 교육과 vip 얘기가, 제가 한 사람한테 온전히 한 시간 반 정도를 투자할 수 있어야 제가 만족하는 치료를 하겠다는 생각에서 나온 거예요. 한 시간 반 동안 추나만 해도 할게 얼마나 많은데요. 이 정도를 투자해야 제가 평가하고 치료하고 호전도 확인하고 향후 티칭도 하고 거기에 덧붙여 심리적인 치료도 하고 만족할 만한 결과가 나오더라고요. 사실 지금 한의원 오픈하기 전에 한 호텔에서 피부과와 같이 한의원을 8개월 정도 했었어요. 온전히 120명 대상 회원제로 하루에 5명씩만 진료를 봤었는데 그때가 너무 좋았어요. 대신 그때는 제 지식이 부족했고 열정만 있었다면, 지금은 어느 정도 정제가 됐고 예후도 판정해 줄 수 있으니 그런 쪽으로 나가보려고 해요.

Q. 약사로서의 경험(이력)이 현재 한의사를 하면서 영향을 주는 부분이 있나요?

A. 앞에서 양약의 부작용에 대한 얘기를 했는데 좀 더 해보자면, 사실 약사는 직능이 제한돼 있어요. 주도적으로 할 수 있는 게 많지 않다는 것을 아르바이트를 하면서 개인적으로 많이 느꼈어요. 하루는 환자분이 와서 무릎이 아프다고 3개월 동안 계속 진통제를 처방받아 가셨어요. 근데 3개월이 지나니까 낫는 게 아니라 위장약이 추가되더라고요. 그리고 또 6개월이 지나니까 수면제도 붙었어요. 약을 12알 정도를 지어가시고 주기적으로 관절 주사도 맞으시니까 약국 입장에서는 정기 고객인 거죠. 근데 그분이 너무 안타까운 거예요. 이 약들 계속 드시지 말고 영양제를 드시든지 운동을 하시라고 했어요. 근데 "시장에서 일해서 그런 거 할 시간도 없고 약 먹으면 괜찮아" 하시더라고요. 그리고 당시에는 DUR 프로그램(의약품 안심 서비스, Drug Utilization Review. 대한민국 의약품 처방조제 지원시스템으로 의약품 처방, 조제 시 의약품 안전성과 관련된 정보를 실시간으로 제공하여 부적절한 약물 사용을 사전에 점검할 수 있도록 하는 시스템)도 잘 안돼 있어서 수면제랑 같이 쓰면 안 되는 진통제도 안 걸러지고, 감기에 걸렸을 땐 더블 진통소염제도 안 걸러졌어요. 약사가 병원에 연락해서 용량 줄여야 되고 이 약은 빼야 되고 이런 얘기를 하면 '그냥 주세요'하고 완전히 무시를 했어요. 대학병원 레지던트라도 약사가 처방을 말하면 도전이라고 생각하고 '네가 뭔데' 이런 게 있고, 예전에는 특히 더 심했어요. 제가 주도적으로 할 수 있는 의료에 대한 갈증이 있었죠. 이런 계기로 한의사가 되고 나니까 이건 뭐 제 세상이에요!(웃음) 너무 좋아요. 대신 주도적인 진료를 하려면 제가 정확히 알고 있어야 돼요. 기본적으로 양약에 대해 아니까 "그 약 계속 먹어도 낫는 게 아니다"라고 자신 있게 말할 수 있는 거죠.

제가 한의학만 했으면 지금보다 생각이 편협했을 것 같아요. 앞에서 언급했듯이 약학은 굉장히 얕고 넓어요. 거기에 더불어 서양의학의 명확한 한계를 알 수 있어요. 사실 의사들도 약의 기전은 잘 몰라요. 진단과 치료에 대해서는 명확히 배우지만 약에 대해서는 수련의 때 배우거나 제약회사 세미나 등으로 배우거든요. 이런 여러 내용을 아니까 '이건 어떻게 하면 좀 더 세련되게 설명할 수 있겠다' 등이 캐치가 되는 부분이 있어요. 예를 들어 환자에게 사물탕을 설명할 때 기와 혈 얘기를 하면 일반인들이 이해하기 쉽지 않죠. 근데 '사물탕에 있는 숙지황은 9번 찌면서 생긴 B12가 조혈 작용을 도와줍니다' 이런 내용들이 편하게 나와요. 또 다른 예시로 당귀는 그 강한 향이 아로마의 정유 성분이에요. '우리 몸에 들어오면 어떤 작용을 하고, 면역계에 어떤 역할을 하고' 이런 설명은 일반 대중뿐 아니라 서양인들한테도 와닿는 설명이죠. 이렇게 풀어내는 게 제 숙제가 아닐까 하는 생각을 해요. 아무튼 너무 재미있어요. 한의학은 정말 블루오션이죠.

진료, 콘텐츠

Q. 정골의학대학(AOMM) 및 Sundardas naturopathic clinic에 어떻게 연수를 가게 되셨는지 궁금합니다.
A. 본과 4학년이 됐는데, 외국으로 특성화 실습에 다녀오라는 학교 커리큘럼이 있었어요. 어느 실습을 갈지 고민이 됐죠. 제가 취미로 바이올린을 해서 바이올린 하는 사람들에게 유명한 운동을 찾아보게 됐어요. 휄든크라이스, 알렉산더 테크닉을 알아보다가 미국 대학에서 하는 수업이 있다는 거예요. 사촌형부가 한의사라 미국에 갈 수 있는 루트를 물어봤어요. 마침 추나학회 임원분들이 자생한방병원의 후원을 받아 8월에 미시간주립대학교로 연수를 가시는 걸 알게 됐어요. 학생이 같이 갈 계획은 없었지만 사비를 들이면 갈 수 있다고 하시더라고요. 기존 한의학에서는 잘 모르던 부분인데 이런 식으로 새롭게 개척하는 것을 좋아해요. 거기다 한 달 동안 미국에서 학생으로 살 수 있는 기회가 또 오지 않을

것 같아서 결심을 하고 언니한테 돈을 빌렸어요.(웃음)

미국에서 가서 연수를 받다 보니 손으로 하는 게 너무 재미있고 적성에 잘 맞는 거예요. 원래 감각이 조금 예민한 편이거든요. 바이올린도 좋아하는 이유가 약간의 디테일에 굉장히 예민해서 재미있게 했었어요. 당시 연수 내용은 추나 의학이라기 보단 유럽에서 넘어온 수기 치료인 매뉴얼 메디슨(manual medicine)이라고 봐야 할 것 같아요. 국내에도 미국에서 들어온 사설 교육기관이 있어서 귀국 후에도 등록해서 수업 듣고 해부학 공부도 하면서 2년 정도 감각을 계속 키웠어요. 앞에서 언급했듯이 주도적으로 하고 싶어서 한의사가 된 만큼 좀 더 주도적으로 할 수 있는 걸 찾았어요. 젊은 여자 한의사가 침과 한약만으로 환자를 휘어잡기는 쉽지 않은 거예요. 근데 추나 치료는 제가 여자고 감각도 좋으니까 제 분야를 살리면 환자분에게 훅 들어갈 수 있는 거죠. 다른 데에서는 안 하는 분야니 까요. 그래서 이쪽으로 완전히 집중하게 됐습니다.

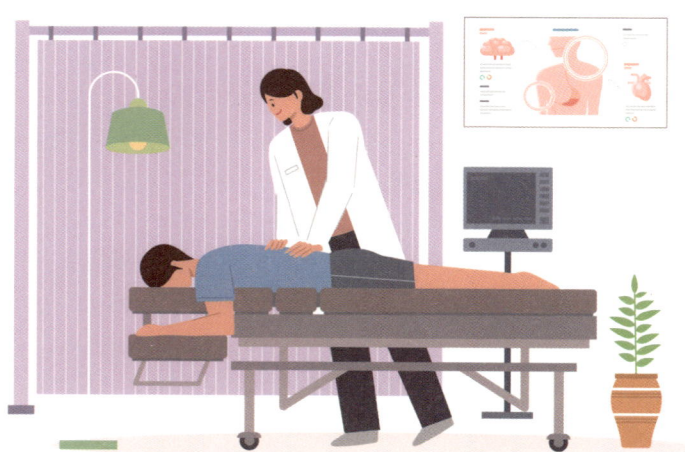

Q. 미국 정골의학과 한의학 추나요법의 차이점을 어떻게 보시나요?
A. 정골의학이 예전에 실크로드를 타고 동양의학, 동양철학이 넘어가면서 미국, 유럽에서 재해석된 것으로 얘기가 돼요. 한의학과 98% 콘셉트가 유사해요. 전인적, 전체적 관점이 유사한데 거기서 서양의 세분화된 분석적 설명이 더해진 게 정골의학이에요. 척추 신경계통부터 시작해서 이 부분은 어떻게 틀어져있으면 어떻게 평가하고 등을 수학적으로 다 정리해놨어요. 그래서 input, output, 평가 등이 다 명확하고, 그러면서도 한의학과 유사하게 감각적으로 접근하는 부분들도 있어요. 정골의학보다 덜 세분화시키고 통합적인 관점에서 보는 한의학이 보다 경쟁력이 있다고 생각합니다.

Q. 추나를 중점적으로 보시면서 좋은 점, 그리고 고충이 있으신가요?
A. 장점은 우리 한의원에 안 온 사람은 있어도 한 번 온 사람은 없다는 거예요. 제 마력에 끌리면 절대 헤어 나올 수 없어요(웃음) 그런 마니아층을 만드는데 제 손이 정말 큰 공헌을 하고 있어요. 단점은 하루에 볼 수 있는 환자 수가 한정돼요. 그래서 기존 환자분이 치료가 다 돼도 계속 예약을 잡는 걸 막고 조금씩 여유공간을 두는 편이에요.

추나는 정말 먼저 시작한 사람이 앞서 가게 되어있어요. 손에서 정보를 받아들여서 뇌에서 통합하는 과정이기 때문에 많은 정보가 들어간 사람이 우위일 수밖에 없어요. 미용실에서 샴푸 할 때도 초짜인지 경력 있는 분이신지 알 수 있잖아요. 이건 거짓말을 안 해요. 인간의 직감이기 때문에 환자도 본능적으로 신뢰감을 느낄 수 있어요. 그래서 의사는 손 단련을 무조건 빨리 시작해야 해요. 저는 피부 관리사 자격이 있어요. 약대 4학년 때 피부 관리사 자격 시험이 처음 생겼는데 국시가 100일 남은 시점이었어요. 당시에 약사들도 많이 준비했어서 엄마 통해 정보를 얻으면서 혼자 연습하고 시험을 봤어요. 아슬아슬하게 붙었는데 그만큼 손으로 하는 것을 좋아해요. 그래서 남들보다 감각이 조금 빨리 생겼는데도 추나를 온전히 하는 데에는 2년이 걸렸어요.

초반에는 정말 하루에 열몇 명씩 했어요. Institute 과정에서 '리스닝'이라는 방식이 있는데 단순한 치료가 아니라 몸의 음압을 느껴서 치료하는 방식이에요. 몸의 치유 과정에서 음압이 발생하는데 손을 대서 그 음압이 가는 쪽을 느끼면서 치료하는 거예요. 얼마나 예민해야겠어요. 미국 갔을 때 미시간 주립대학교 신입생들이 A4용지 한 장 놓고 머리카락 찾고, 두장 놓고 찾고 하는 것도 연습하더라고요. 한의사들은 손이 진단 기기이기 때문에 계속 개발을 해야 해요. 환자를 낫게 해주고 싶은 진심, 나의 감각, 해부학 지식, 그리고 치유 과정에 대한 이해가 있으면 100% 치료돼요. 물리적인 것도 있지만 참 전기적인 과정이에요. 파동과 전기적인 치료의 힘이 있어요. 목사님이 기도하다고 사람이 벌떡 서고 하는 게 마냥 하등 시 할 일은 아니에요. 인간에게는 인간을 치유하는 능력이 있거든요. 기계로 측정이 안 되는 영역도 있는 거예요. 이런 부분을 빨리 개발하기 시작하면 느껴지고 보여요. 저도 이걸 빨리 시작한 게 너무 행운이고 여러분들도 시작했으면 좋겠어요. 당장 어디가 뭉쳤는지 손으로 찾아보는 것부터 시작할 수 있죠.

Q. 본인보다 훨씬 덩치가 큰 환자들의 경우에는 추나 하는데 힘이 많이 드나요?
A. 안 힘들어요. 오히려 쉬워요. 본인 몸을 현명하게 쓸 수 있는 요령이 생기면 돼요. 제 체격에도 102kg 환자분 했을 때 힘들지 않았어요. 저는 기존 방식을 응용하면서 제 몸을 자유롭게 쓰는 편이라 교과서에 나오는 방식이 아니에요. 저만의 것을 창조해서 하는 걸 좋아한다고 했잖아요. 추나치료도 마찬가지예요. 원리만 익히고 제가 새로 만들어서 해요. 오히려 제일 어려운 사람은 마르고 딱딱한 할머니예요. 이런 분들은 몸이 화석 같아서 외부의 어떤 외력이나 도움을 받아들이려고 하지 않거든요. 그냥 버티고 있기 때문에 다리 하나 들어 올리는 게 100kg 환자

분보다 무겁고 힘들죠.

Q. 그러면 원활한 추나 치료를 위해 의사에게 필요한 근육량은 어느 정도인가요?
A. 유재석 정도의 근력만 있으면 돼요. 잔근육과 지근이 필요해요. 추나는 힘으로 해야 된다는 오해예요. 치료의 타기팅이 되는 부분은 큰 근육보다 안쪽에 있는 심부근육인데, 이 근육들은 큰 힘을 필요로 하지 않거든요. 추나 하고 골병들었다는 건 잘못하고 있는 거예요. 심부근육이 까딱하는 힘을 감지할 수 있는 손의 센서, 이 힘에 저항할 수 있을 정도의 내 코어가 있으면 돼요. 이 코어조차 없으면 손목이 나가는 거죠. 절대 손목으로 버티는 게 아니라 지탱을 하고 내 코어로 힘을 주어야 해요. 그리고 강한 힘이 필요할 때는 발 끝의 힘을 써요. 환자 몸에 제 몸을 다 대고 발가락으로 살짝 땅을 밀면 편안하게 강한 힘으로 밀 수 있거든요. 이걸 팔로 밀려고 하면 타기팅 없이 겉에만 힘이 들어가고 환자도 아프기만 해요. 굉장히 중요한 제 노하우예요.

제가 체구가 작은데 이 체격으로도 하고 있고, 임신했을 때도 출산 한 달 전까지 추나를 다 했어요. 미세한 관절의 느낌, 몸이 주는 피드백을 캐치할 수 있는 감각이 필요한데 이런 부분에서 오히려 여자 원장님들이 유리할 수 있어요. 대신 저도 손가락 스트레칭은 사이사이 해주죠. 손가락에 조금이라도 단축되고 근육이 짧아지는 느낌을 금방 캐치하는데, 그럴 때 빨리 제 위치로 되돌려 놓으면 문제가 안 생겨요. 지금 이 얘기들을 알아들으면 추나 의학을 할 소양이 돼있는 거고, 못 알아듣겠으면 몸에 대한 인지가 부족한 거라 이쪽에 대한 고유감각을 좀 더 키우셔야 돼요. 헬스보다 오히려 고전무용, 발레, 요가, 소매틱 이런 것들이 훨씬 도움이 될 거예요.

Q. 휴족시간 우주연한방연구소를 설립하게 되신 배경 및 하시는 일이 궁금합니다.
A. 저는 침놓으면서 환자들과 얘기를 많이 해요. 해독치료도 처음에 환자분 통해서 들었어요. 물에 발을 담그고 있었더니 물이 까매졌는데 몸에서 나온 독소였다는 거예요. 환자분이 저한테 사업 아이템을 던져준 거지요. 인터넷 서칭을 해봤을 때 어느 정도 일리가 있어 보였어요. 간단히 설명하자면 족욕만으로도 효과가 있는데 휴족시간 기계가 노폐물을 뺄 수 있게끔 촉매작용을 해주는 거예요. 대표님께 연락을 드려서 논문 등을 받아보고 도입해야겠다고 결정했죠. 마침 한의원 옆 사무실을 써도 되는 상황이 돼서 확장이 가능해졌어요. 수익 모델은 아직 구상이 안됐지만 일단 하고 싶으니까 하기로 했죠. 족욕을 하고 어떤 변화들이 나타나는지 기록으로 남겨서 데이터로 계속 축적하고 있는 중이에요. 여기 종로에 계신 분들은 서서 일하시는 분도 많고 화병이 있으신 분들도 많아서 휴족시간으로 족욕을 받고 아로마 테라피까지 하면 좋아하시는 분들이 많아요. '환자가 좋으면 한다' 원칙에 따라서 계속하는 중이에요.

Q. 아로마 테라피도 함께 하시나요?
A. 네 휴족시간이랑 같이 하고 있어요. 해독, 아로마 테라피와 같은 치료들을 사이비적인 민간요법으로 치부해버리는 경우가 많아요. 저는 이 분야도 적극적으로 써서 근거를 만든 후에 한의사의 것으로 만들어야 된다고 생각해요. 우리 전문 분야인 천연물이잖아요. 사실 따지고 보면 한약재를 열수 추출하면 탕약인 거고, 막 채취한 상태에서 증류를 해서 정유 성분만 얻으면 아로마 오일이거든요. 이런 새로운 분야에 대한 지식도 필요한데 아직 너무 기미, 본초, 장부와 같은 전통 한의학 이론에만 치우친 감이 있어요.

기원 식물, 약리 작용 등을 알고 복합적으로 활용할 수 있으면 한의사 직능이 할 수 있는 일이 정말 많아요. 지금도 한의학은 블루오션인 것 같아요. 다른 한의사들이 기존에 하고 있는 것만 하니까 레드오션이라는 말이 나오는 거예요. 요즘 한의원을 어떻게 해야 할까에 '입원실 해야 된대, 자보 해야 된대' 이런 말에만 단순히 휘둘릴게 아니라 좀 더 통합적인 시각을 가지면 좋겠어요. 한의학적인 콘셉트를 토대로 인체를 보는 눈을 가지고, 건강을 위한 문화 산업, 교육산업 등을 개척하는 거예요. 이 '건강문화'라는 게 굉장히 선진화된 문화거든요. 미시적으로 드러나는 부분은 형이하학적이지만, 한의학이 보는 것들은 형이상학적이에요. 오히려 외국에서 먼저 눈을 돌리고 있어요. 최근에 하버드에서 침 치료 효과에 대한 연구도 진행했는데, 단순한 방법일지라도 이렇게 근거를 쌓는 노력을 한다는 게 대단한 거죠.

제가 끊임없이 여러 일을 벌이는 것도 한의학이 그렇듯 인체가 한 면만 있는 게 아니라 4D잖아요. 이 4D를 다 이해하고 충족시키려면 정신적, 화학적, 물리적, 그리고 그 외에 여러 공감각적인 것들을 다 동원해야 해요. 끊임없이 공부해야 해석할 수 있습니다.

대신 만나드립니다 공식 질문

Q. 인생 그래프를 그린다면? Up(가장 뿌듯) &Down(포기하고 싶었던 순간, 극복 방법)
A. 일단 다운은 2022년 1월이 가장 다운이었어요. 원래 지금 자리가 아닌 사거리 건너편 자리에서 잘 해왔는데 원장님 3명이 있기에 너무 좁은 거예요. 그러던 찰나에 지금 자리에 계시던 원장님이 양도를 해주셔서 구관은 오래 계시던 원장님께 맡기고 저는 신관에서 해독 치료와 접목하겠다는 마음으로 옮겼어요. 근데 그 원장님이 갑자기 그만두시면서 상황이 복잡해졌어요. 급히 다른 원장님을 구해서 했는데 전 신관에 있고 다른 두 분은 구관에 계시니까 관리가 전혀 안 되는 거예요. 그 후로

한동안 적자로 운영하고, 거기에 코로나까지 겹치고 힘들었어요. 이 시기를 거치고 나니 제가 버려야 할 것과 취해야 할 것에 대한 감이 생겼어요. 진료는 무조건 한 곳에서 봐야 하고 제가 모든 걸 컨트롤할 수 있는 환경을 만들어야겠다는 원칙이 생겼지요.

구관 공간은 웰니스 센터로 쓰려고 지금 인테리어 중에 있어요. 추나 치료 후에 항상 운동 티칭을 해드리는데 직접 수업을 할 수 있는 공간이 생긴 거죠. 5월 초에 오픈할 텐데 태극권, 요가, 명상, 싱잉 볼, 알렉산더 테크닉, 소도구 운동 등을 할 예정이에요. 그리고 이제 목요일에 휴진을 할 건데 이런 날을 이용해서 저도 직접 수업을 하려고 해요. 예를 들어 어깨 통증 환자들 5명의 소그룹을 만들어서 어깨 이완 수업을 하는 거죠. 어떻게 서야 하고, 어떻게 걸어야 되는지. 누워있을 때 견갑골에 대한 위치 인식이 없는 사람들도 많고, 걸을 때 골반 한쪽이 기울어진 것을 인지 못하는 사람도 많아요. 이런 부분에 대한 교육이 필요해서 구상 중이에요.

Q. 어떤 분들에게 한의사라는 직업을 추천하시나요?
A. 제 한의원이 있는 종로가 말이 정말 많은 동네예요. 주변에 다 상인분들이잖아요. 한의원에 왔다가 원장이 이상해서 "야 거기 완전 장사꾼이야"하면 끝나는 거예요. 실제로 그렇게 문 닫은 한의원이 몇 군데 있어요. 이런 상황을 방지하려면 눈앞의 이익에 집착하면 안 돼요. 이건 약사이신 저희 엄마한테 배운 거기도 해요. 엄마는 약국에 박카스 하나 사러 온 손님한테도 그렇게 질문이 많으세요. 환자분이 자기 얘기를 하다가 영양제도 사러 오고, 남편 상담을 하다가 한약도 하게 되고 해요. 한 분 한 분에게 씨앗을 심는 것처럼 굉장히 정성을 다해서 대하셨거든요. 이건 결국 본성인데 이런 본성이 없으면 개원하기 힘들 수도 있어요. 기본적으로 사람을 좀 애틋하게 보고 사람을 좋아하면 개원하고 행복할 수 있고요. 저는 나름대로 제가 성공했다고 생각하는 게 환자들이 인정해

주니까요. 그러면 만족해요. 봉사 활동하는데 돈도 줘, 자아실현도 해, 하고 싶은 거 다 해도 뭐라고 안 해. 이런 직업은 없다고 생각해요.

Q. 앞으로 한의사가 될 한의대생들에게 해주고 싶은 말씀이 있으신가요?
A. 학생분들이 막막할 것 같아요. 어렵게 대학교에 들어왔는데 현실이 뒷받침되지 못하는 자괴감도 있을 수 있고, 길이 너무 많아서 혼란스러울 수도 있고, 그 안에서 각개전투를 해야 되고. 이런 현실 속에서 원칙을 세웠으면 좋겠어요. 자기가 좋아하는 걸 해야 해요. 내가 흥미 있는 게 생기고 그걸 하면 성공은 그냥 따라온다고 생각해요. 다른 사람들은 뭘 하는지 보는 것도 중요하지만 이런 건 3개월 정도 대진으로 끝내세요. 그리고 나의 특성, 나의 강점, 뭘 할 때 행복한가를 고민해서 한의학이랑 접목할 수 있는 것을 빨리 찾으세요. 그리고 당장은 돈 버는 것 없더라도 1년 정도는 흠뻑 젖어서 취해보세요. 그럼 분명 그 안에 답이 있을 거예요. 그리고 다음으로는 나라는 상품을 최대한 잘 만드는 게 중요해요. 사람들의 구매욕을 당길만한 콘텐츠로 나를 채우고 가꾸는 거죠. 내 몸을 맡기면 저 원장님이 날 딱 이끌어 줄 것 같고, 저 원장님처럼 되고 싶고 이런 사람이 돼야 해요. 이것도 결국 자기가 좋아하는 걸 하면서 행복해야 만들어지겠죠. 가짜는 티가 나거든요. 공부도 중요하지만 학생시기에 할 수 있는 것들을 하면서 본인에 대해 많이 찾았으면 좋겠어요.

Q. 앞으로의 목표, 되고 싶은 한의사의 모습이 궁금합니다!
A. 앞에서 얘기했듯이 교육과 vip 외국인 관광 진료 두 가지를 주되게 하고 싶어요. 진료실에서 임상 경험을 쌓았던 지난 9년이 제 근간과 뿌리가 되는 정말 소중한 시간이었어요. 이걸 가지고 더 많은 사람들을 이롭게 하려면 어떻게 해야 할까 생각했을 때 특히 교육이 답이겠다는 결론을 얻었어요. 일반인들이 너무 몸과 건강에 대해 지식이 적어요. 헬스 하면 건강해지는 줄 알고 병원 가서 약 먹으면 낫는 줄로만 생각을 해요. 정보가 편향돼있고 의료인들한테만 폐쇄되어있어요.

대부분 환자들은 인터넷에 있는 부정확한 정보를 보다가 병원에서 잠깐 의사 보는 그 짧은 시간에만 의존하고, tv에서도 닥터테이너들이 잇속 차리는 얘기만 하고요. 이런 부분에 대한 사명의식이 있어요. 그리고 한의사들도 양약에 대한 기본적인 약리 작용을 알아야 돼요. 환자들에게 설명이 필요한 일이 생각보다 많거든요. 다른 분들을 보면 킴스 온라인, 약리 교과서 같은 것들을 보면서 혼자 공부하시더라고요. 그렇게 배우기는 어려워요. 임상이기 때문에 경험이 필요한 부분이 많거든요. 그래서 이런 부분에 대한 교육도 함께 하고 싶어요. 근데 이런 일들을 한다고 제 기존 환자들을 떠날 수는 없잖아요. 그래서 여자 한의사들 중에서 저랑 비슷한 성향의 후배들을 양성해서 '우주연 한의원'을 여러 개 하고 싶은 생각도 있습니다.

Q. 앞으로 원장님께서 하시는 일이 세상을 어떻게 바꿀까요?
A. 건강에 대한 패러다임을 바꿀 수 있으면 좋겠어요. 예를 들어 지금은 두통이 있으면 타이레놀을 먹잖아요. 다른 약을 먹어도 좋아질 수 있는데 패러다임으로 굳어진 거죠. 이런 부분에 대한 센세이션을 일으켜보고 싶어요. 한류 열풍에 한약 열풍도 같이 타고 가면 너무 좋을 것 같아요. 제가 했던 사업들이 있어요. 허브 꿀도 만들었고, 맞춤형 유산균을 만들어서 네이버 스토어팜도 했었거든요. 당시에 창조경제혁신센터에서 사업 자금을 지원받는 과정에서 프레젠테이션을 했는데 감독관들이 다 너무 좋은 아이템이라고 했어요. 한의학은 정책을 결정하는 관료들한테도 구미를 당기게 하는 아이템을 낼 수 있어요. 이런 것을 본인의 사리사욕이 아니라 보다 큰 뜻으로 하는 한의사들이 잘 없는 게 문제지요. 욕먹을 수 있는 일이기도 하고 크게 돈이 안 될 수 도 있어서요. 하지만 이런 일들을 통해 한의약 자체의 위상을 높이고 좀 더 프리미엄 한 부가가치를 만들 수 있으면 좋겠어요. 최근에는 이스 라이브러리라고 한의학 기반으로 한 한방 화장품 샵이 삼청동에 조그맣게 오픈을 했어요. 환자분이 저한테 선물해줘서 봤는데 너무 괜찮더라고요. 혈, 기 이런 설명

이 쓰여있고 까만 보자기에 포장해줬는데 굉장히 럭셔리했고 가격도 비쌌어요. 한의사들은 왜 못하냐는 거예요. 한의학적으로 이런 고급화된 가치를 만들어낼 수 있어요. 설레지 않나요. 프리미엄 한 이미지를 통해 새로운 패러다임이 생기기를 바라봅니다.

몸이 세 개여도 부족할 듯한 우주연 원장님의 바쁜 일상과, 그 일상을 가능하게 해주는 원장님의 힘찬 에너지를 느꼈습니다 :) 끊임없이 새로운 분야에 도전하시고, 자신만의 세계를 개척해가는 원장님의 인사이트에 많은 배움을 얻을 수 있었습니다. 뚜렷한 비전을 가지고 오늘도 발걸음을 내딛으시는 우주연 원장님을 대만드가 응원하겠습니다!

Interviewer. 코카 외 6인
Writer &Editor. 코카

수의사에서 한의사로,
송민호 한의사
(1-3)

수의학과 한의학의 One health, 송민호 한의사

'저는 퇴사하고 한의사합니다'의 다음 인터뷰이는 공학, 수의학을 거쳐 한의학까지 다방면으로 섭렵하신 송민호 원장님이십니다. 특히 반려인구가 점차 늘어가고 있는 지금, 수의사이자 한의사이신 원장님의 시각으로 바라보는 한방수의학의 미래에 대해서도 이야기 나눠보고자 합니다. 바로 함께하시죠!

송민호 원장님 약력

- 부산대 한의학전문대학원 졸업
- 건국대 수의학과 졸업
- 한양대 전자전기학과 중퇴
- 호수한의원 원장
- 척추신경추나의학회 회원
- 시리악스정형의학연구회 회원
- APCA MSK certificate
- NASM CES certifacate

[Part 1. 한의사 송민호]

Q. 안녕하세요 원장님. 먼저 원장님을 모르는 분들을 위해 간단하게 자기소개를 부탁드립니다.
A. 안녕하세요. 저는 동물병원에서 진료 수의사로 동물들하고 즐겁게 생활하다, 지금은 장소만 바꿔 한의원에서 여전히 열심히 즐겁게 지내고 있는 한의사 송민호라고 합니다.

Q. 요즘 원장님의 하루 일과, 일주일 일정이 어떻게 되시나요?
A. 개원하신 분들이라면 다 비슷한 일과를 보내실 것 같은데요. 제 성격상, 동물병원 일할 때도 그랬고, 지금도 가장 먼저 병원에 출근하고 가장 나중에 퇴근하는 삶을 살고 있어요. 그게 마음이 편하더라구요. 주중에는 출근해서 진료를 보고, 중간 중간 병원에서의 개인 시간에는 의학 관련 공부를 해요. 퇴근하고 나서 집에 돌아가면 아이와 잠시 놀아주고, 잠에 들기 전 개인 시간에는 의학과 조금은 동떨어진 것들을 공부하죠. 주말에는 아이들과 시간을 보내다보면 시간이 사라지고, 바로 다시 월요일이 됩니다. (웃음)

Q. 말씀하신 공부들은 어떤 공부인지 여쭤봐도 괜찮을까요?
A. 요즘 하고 있는 의학 관련 공부는 재활, 그 중에서도 자세나 보행에 관련된 것들이에요. 또 영양 관련한 내용도 보고 있구요. 의학 외적인 공부는 주로 프로그래밍 관련한 내용들이에요. 개발하고자 하는 어플리케이션을 위한 사전 준비를 위한 단계랄까요.

Q. 자세한 이야기를 나누기 전에, 한의학을 전공으로 선택하시기까지 과정을 들어보고자 하는데요. 공대에서 수의대, 그리고 한의대까지 오시게 된 원장님의 긴 여정이 궁금합니다.
A. 처음에는 평범하게 공대에 진학을 했어요. 앞서 말씀드린 프로그래

밍, 이런 것들을 주로 배웠죠. 그 때는 해외로 유학도 가고 싶었고, 구체적으로 계획했던 미래와 이루고 싶었던 꿈이 있었거든요. 그런데 카투사로 병역을 마치고 제대를 하면서 건강이 급격히 안 좋아졌고, 학업을 이어나가지 못하는 상황까지 발생했어요. 병명도 제대로 모른 채로 2년간 투병 생활을 했고, 3년째가 되어서야 '희귀 난치 질환이 의심된다'라는 이야기를 들었죠. 점차 건강은 나아지긴 했지만 휴·복학을 반복하다 공대는 자연스럽게 자퇴를 하게 되었습니다.

그 이후 안정적인 생활을 위해 다시 수능을 보고, 집과 병원에서 가장 가까운 수의대에 진학을 하게 되었습니다. 수의대에 진학하고 나서는 신기하게도 몸이 좋아졌어요. 그 전까지는 매일 매일을 처방약에 의존해서 생활했었는데, 다행이 약에 의존하지 않고도 생활할 수 있는 상태까지 호전됐죠. '이제부터는 내가 하고 싶은 것들을 할 수 있겠구나' 하고 희망을 가질 때 즈음, 이번엔 아버지께서 투병생활을 시작하게 되셨어요. 하고 싶은 것들을 다시 접어둔 채로 아버지 간병을 하면서 학교를 다녔고, 30대 중반이 되어서야 첫 졸업장을 받게 되었습니다.

수의대에서 '한방수의학'을 배우면서 '한의학'에 대해 처음 접하게 되었어요. '한방수의학'을 별도 과정으로 개설한 학교가 많지 않았는데, 운이 좋게도 응급수의학과 한방수의학을 전공 하셨던 교수님이 계셔서 본과 3학년과 4학년 때 수업을 듣게 되었죠. '한의학'엔 그 때부터 관심을 갖게 되었던 것 같아요. 졸업 후에도 임상에서 '한방수의학'을 활용하는 것을 실제로 보기가 어려운 편이에요. 근데, 또 우연히 수술 후 회복이 더뎠던 강아지의 상태가 점점 안 좋아지는 와중에 침을 맞고 나서 활력 징후가 회복되는 것을 직접 보게 되었습니다. 이후에도 한방수의학을 접목시켜 치료하는 것을 직간접적으로 체험했어요. 이러한 경험들을 통해 '한의학'에 대한 욕심을 키워나가기 시작했습니다. 마음 한 켠에는 '사람'을 대상으로 한 의료, 즉 '인의'를 펼치고 싶다는 생각도 같이 있었구요.

당시 거의 40을 바라보고 있는 나이인데다, 동물병원도 안정적으로 운영하고 있었던 상황이라 주변에서 우려하는 목소리가 있었지만, 딱 한 번만 더, 도전을 해보고 싶었습니다. 결과적으로는 한의학전문대학원에 입학하게 되었고, 이렇게 한의사로 지낼 수 있게 되었습니다.

Q. 먼 여정의 끝에 도달한 한의대생으로서의 원장님은 어떤 학생이셨는지 궁금합니다. 한의대 생활 중 가장 기억에 남는 활동이 있다면 어떤 것이었을까요?
A. 한의전으로 입학하다보니까 학기 중에도 바쁘고, 방학에도 논문을 써야해서 바쁘더라구요. '대만드'처럼 특별하게 어떤 활동을 하진 못했지만, 소소하게 동아리 활동을 열심히 했던 것 같아요. 학교 오케스트라에서 색소폰을 했었는데, 두 번째엔 악장도 했었죠. 음악적 재능은 없었지만 (웃음), 열정으로 했던 활동이었어요. 또 밴드에서 드럼도 해봤네요. 당시에 제가 스트레스가 좀 있어서, 무언가를 '치고' 싶다는 생각이 들더라구요. 그 때 떠올린 게 드럼이었는데, 우연히 주변에 노래(보컬)를 잘하는 친구가 있었거든요. 그 친구가 주도해서 사람들을 하나하나 모으기 시작하더니 밴드가 만들어졌어요 (웃음). 처음에는 비록 오합지졸이었지만 무대도 올려보고, 뿌듯하고 좋은 추억으로 남은 활동인 것 같아요.

Q. 수의학을 전공한, 혹은 수의사로 지낸 경험이 현재 한의사를 하시는데 영향을 준 것이 있다면 어떤게 있을까요?
A. 아무래도 동물은 스스로 본인의 상태를 '말'하지 못하기 때문에, 수의학에서는 영상의학적인 부분이나 혈액학적, 진단의학적인 부분이 많이 발달되어있어요. 그래서 한의사가 되어서도 이런 부분이 친숙하기 때문에, 영상의학 자료를 기반으로 한 재활이나 근골격계 위주의 질환에 관심을 갖게 된 것 같아요.

[Part 2. 한방 수의학]

Q. 한방수의학에 대한 질문을 드리지 않을 수가 없는데요. 한방수의학을 잘 모르는 분들께 간략하게 어떤 학문인지 소개를 부탁드립니다.
A. 한방수의학은 한의학을 통해 사람 이외의 생물을 치료하는 방법을 연구하는 학문이라고 할 수 있습니다. 새롭게 만들어진 것이 아니라 우리나라에 살던 동물들을 치료하던 방법으로 예전부터 존재했죠. 최근에는 발전하는 한의학에 발맞추어 다양한 형태의 한약과 침, 뜸, 부항 등을 이용하여 동물을 치료하는 것을 연구합니다. 인의 쪽에서 활용되는 거의 모든 한의학적 치료가 동물에 맞게 수정되어 이용되고 있고 특이하게 수의 분야에서만 사용되는 것도 있습니다.

Q. 그렇다면, 한방 수의학이 실제 임상에서 어떻게 적용되는지 사례를 좀 들어주실 수 있을까요?
A. 일반적인 한의학과 큰 틀에서는 동일해요. 동물의 생리가 제각각이라 주의할 점을 고려해서 한약도 쓰고, 침도 쓰죠. 강아지나 고양이 같은 소동물에 한약을 쓰기도 하고, 침을 놓고 전침을 걸어서 쓰기도 합니다. 대동물 쪽으로 가면 연구도 많고 역사도 깊어요. 특히 말 같은 경우에는 몸값이 비싼 동물이다 보니까 칼(메스)을 사용해서 치료를 하기 쉽지 않아요. 대부분 경주마들이기 때문에 근골격계 위주의 질환이 많고, 사람과 비슷하게, 침이 정말 효과가 좋아요. 말에게 골치 아픈 질환인 제엽염 치료에도 침이 많이 쓰여요. 발굽에 생기는 염증인데 여러 방법으로 침을 활용합니다.

조금 다른 점을 또 찾아보자면 동물에 따라서는 뜸을 쓰기 어렵다 같은 것들이 있을 것 같네요. 동물과 언어로 의사소통을 할 수 없으니까, 화상에 있어서 위험이 항상 존재하기 때문이에요. 화상도 위험하지만, 뜨거운 열로 인해서 동물들이 놀라서 다치는 경우도 많거든요. 동물도 다치지만 그로 인해 주위 사람이나 수의사도 크게 다칠 수 있어요. 굉장히 위험하죠.

Q. 한의사가 '한방수의학' 분야에서 할 수 있는 일이 있다면 어떤 것이 있을까요?
A. 현실적으로 진료권이 없기 때문에, 연구 쪽으로 생각을 해볼 수 있을 것 같아요. 직접적으로 임상에 참여하지 못해도 학문의 발전을 위해 도움을 줄 수 있는 부분은 많다고 생각해요.
먼저 침을 예를 들자면, 동물에서의 혈위는 전통적인 혈자리와 인체의 혈자리로 유추해본 '상응혈', 그리고 해부학적으로 의미있을 만한 혈자리로 크게 3가지로 나눠볼 수 있어요. '상응혈'에 있어서는 손발가락이 5개가 아닌 동물에 있어서는 으레 엄지와 검지 사이를 '합곡'으로 상정하고 연구를 진행하죠. 또, 사람에게는 없지만 동물에게는 중요한 꼬리와 같은 해부학적 구조의 경우에도 유추를 통해 만들어낸 혈위가 존재해요. 이런 혈자리에 대한 논의가 아직도 이루어지고 있기 때문에 한의학적인 시각으로 함께 정의해나갈 필요가 있겠죠. 약의 측면에서는 동물의 생리학적 측면마다 개별로 연구할 필요성이 있기 때문에 아직까지도 의미 있는 근거를 좀 더 쌓아야 하는 분야이기도 해요. 위가 4개인 동물도 있고, 맹장이 어마어마하게 큰 동물도 있고, 이렇게 동물 별로 생리학적인 특징이 다양하잖아요. 그래서 앞으로 연구해야할 것들이 많기 때문에 한의사로서 이런 부분에 참여해서 같이 일정 수준의 근거를 쌓아가는 역할을 해볼 수 있을 것 같습니다.

Q. 마지막으로 '한방수의학' 분야에 관심이 있는 한의대생들을 위해 해주실 조언이 있을까요?
A. 가장 먼저 우리나라 전통 의서를 보시는 것을 추천드립니다. '마의방'이나 '마경언해'와 같은 전통 의서들을 한번 펴 보시고, 전체적인 학문의 윤곽을 파악해보시는 것이 좋을 것 같습니다. 안타깝게도 서울대 동물

병원 한방의학과 등 수의임상 관련 기관이나 일부 한방수의 관련 제품을 생산하는 업체를 제외하고 아직까지는 독립적으로 '한방수의학'만을 연구하는 곳이 많지 않은 것이 현실입니다. 따라서 관련한 논문을 찾아보고 해당 랩실 등에 컨택 해보는 것도 좋을 것 같네요. 역으로 생각해본다면 앞으로 해나가야 할 것들이 무궁무진한 분야죠.

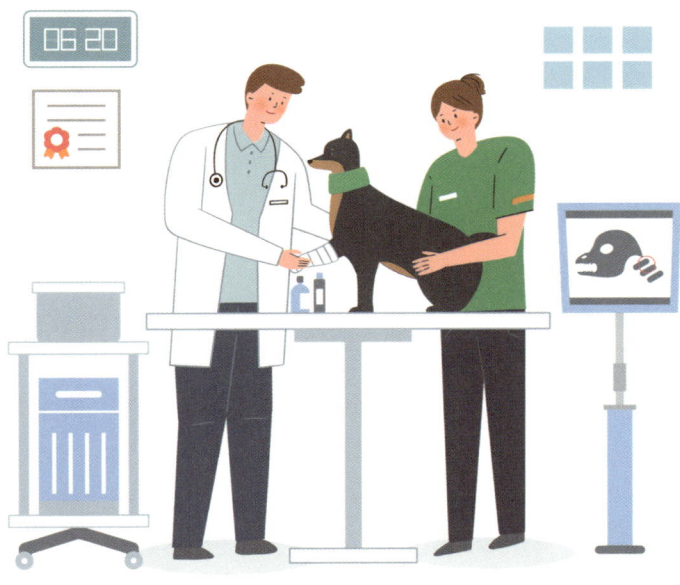

[Part 3. 한의학, 그리고 One Health]

Q. 어떤 분들에게 '한의사'라는 직업을 추천하시나요?
A. 다른 분야도 마찬가지이겠지만, 이제는 직업의 타이틀이나 수익만 보고 오기에는 적절하지 않은 시기라고 생각해요. 이제는 직업의 본질

에 대해서 생각해봐야 할 때죠. 한의학이라는 학문 자체에 흥미가 있으면 가장 좋겠지만, 만약에 그렇지 않은 경우라면 '사람'에 대한 관심이 있는지가 중요할 것 같네요. 제 생각에 한의학의 본질은 '사람'이거든요. 그리고, 꾸준한 자기계발에 관심이 있으신 분들에게도 좋은 직업이라고 생각합니다. 한의원을 하다보면 틈틈이 생기는 개인 시간이 있거든요. 원장실에 앉아서 내가 하고 싶은 것을 할 수 있다는 것이 큰 복이기 때문에, 계속해서 자신을 발전시키고자 하는 분들, 다양한 분야에 관심이 많은 분들에게 추천 드립니다.

정리하자면 한의학은 학문적으로도 '사람'을 다루지만, 실질적으로도 '사람'과 소통하는 시간이 많은 직업인만큼 사람과 자기계발에 관심이 있으신 분들에게 한의사는 좋은 직업이 될 것 같네요.

Q. 지금 학교를 다니고 있거나, 졸업을 앞둔 한의대생들에게 해주실 조언이 있으실까요?
A. 예전에는 '놀 수 있을 때 놀아두라'는 말을 많이 했었는데, 요즘은 일하면서도 잘 노시는 분들이 많아서 꼭 그래야 되나 싶기도 해요(웃음). 요새는 경쟁이 치열하다 보니 한의대 안에서 자기만의 무기가 될 만한 것을 두 가지 정도 준비해서 나오면 좋을 것 같아요. 적어도 '어떤 방향으로 가겠다'는 걸 정하고 나오면 좋을 거라고 생각해요.

다들 20살이 넘으면 자기가 잘하는 걸 본인이 잘 알고 있다고 생각해요. 스무 살 무렵의 저는 프로그래밍에 자신이 있었고, 계획 세우는 것을 잘할 수 있다고 생각했죠. 그런 것처럼 한의대 교과과정을 배우면서 자신과 맞는 부분이 분명히 있으실 거예요. 그 부분이 무엇인지 스스로 알고 졸업하는 것이 중요하다고 봐요. 예를 들어, 본과 4학년인 학생 분들은 이제 나름의 선택을 해야하잖아요. 수련을 할 것인지, 부원장을 할 것인지, 아니면 다른 것을 할 것인지. 만약 수련을 한다면 어느 과를 고를 지도 선택을 하게 될 텐데, '나'라는 사람을 돌아봤을 때 어떤 게 제일 잘 맞겠다라는 것을 생각해보고 잘 하는 것을 선택하는 것이 좋겠죠. 이런 것을 생각해보지 않고 휩쓸려서 그냥 졸업하게 되면 곤란한 점이 있어요. 덧붙여서 동아리 활동도 할 수 있을 때 열심히 하시는 것을 추천드리고요.

Q. 다음은 대만드 공식 질문인데요. 원장님의 인생그래프를 그리신다면, Up(가장 뿌듯했던 순간) & Down(포기하고 싶었던 순간, 극복방법)은 언제셨을까요?
A. 가장 힘들었던 순간은 투병 생활을 반복했을 때인 것 같아요. 2년 동안 병원에 다녔을 때가 제 인생의 'Down'이었어요. 제가 원래 계획적인 성격인데, 투병 생활이 언제 끝나는지도 모르고 일단 지켜보자는 말만 반복되니까 정말 힘들었어요. 이어서 아버님께서 암으로 투병하다가 돌아가셨는데, 이 두 가지를 연달아 겪고 나니까 어떻게 해야 될지 모르겠더라고요.

20, 30대는 연애도 하고 여행도 갈 수 있는 황금기인데 투병 생활을 하느라 아무것도 못했다는 아쉬움이 남아요. 당시에는 내가 사회적으로 부적응하고 있는 건 아닐까, 너무 불행하다는 생각도 들었어요. 한참 병원 생활을 할 때 거울로 제 모습을 봤는데 표정이 너무 안 좋은 거예요. 그걸 느낀 후에 병원을 다니면서도 2년 반 동안 자원봉사를 했어요. 그 과정에서 다양한 환경에 처해있는 사람들을 만날 수 있었고 많은 것을 배웠어요. 그렇게 가급적이면 사회생활을 하려고 노력했죠. 처음에 투병할 때는 움직이는 것도 싫어서 소파에 누워있기만 했어요. 그러다 보니 사람이 망가지더라고요. 그래서 일단 나가려고 했고 그러니까 해결이 되었어요. 사회에 나가서 자꾸 활동을 하다보면 어떻게든 길은 보입니다. 만약 안 보인다면 어쩔 수 없겠지만 아무것도 하지 않으면 단절될 수밖에 없어요. 그래서 지금 힘든 분들한테는 문을 열어놓고 사회와 꼭 소통을 하라고 말씀드리고 싶어요.

UP에 해당하는 시기는 세 가지가 있는데 첫 번째는 대학교에 입학하고 넥타이공장에서 일했을 때예요. 넥타이공장 일은 단순 작업이라서 아무 생각 없이 조립만 하면 되거든요. 그게 제 적성과 맞았어요. 그래서 재밌어서 한동안 했었죠. 그렇게 일해서 처음 번 돈으로 부모님께 선물을 드렸는데 기뻐하시던 모습이 기억에 남아요. 두 번째는 직접 게임을 만들었던 경험이에요. 무언가를 다른 사람과 함께 만들어 나간다는 게 참 좋더라고요. 지금 생각했을 때는 부족한 점이 많지만 당시에는 '게임 정말 잘 만들었다!'라는 반응도 있었어요. 다른 사람들과 소통하며 결과물을 만들어냈다는 게 기억에 남는 경험이었어요.

마지막은 제가 치료했던 환자분이 좋아지셔서 '고맙다'고 이야기해 주셨던 순간이에요. 수의사로서 일할 때도 치료했던 동물들이 다음에 왔을 때 꼬리를 흔들면서 좋아해 주던 게 참 기뻤어요. 그렇지만 내가 치료한 대상이 고맙다는 표현을 '말'로 처음 해주셨을 때는 잊지 못할 것 같아요. 제가 수의사이자 한의사이기 때문에 할 수 있었던 독특한 경험이죠. 아마 다른 분들은 많이 경험해 보지 못한 부분이 아닐까 생각합니다.

Q. 앞으로 이루고 싶으신 목표가 있으실까요? 원장님께서 미래에 꿈꾸시는 한의사로서의 모습은 어떤 모습인지 궁금합니다.
A. 일단 '한의학'의 이미지를 바꾸고 싶어요. 가장 확실한 방법은 직접 결과로 '보여주는 것'이겠죠. 진단을 하고, 치료방법을 정하고, 치료 후의 경과를 객관적으로 보여줄 수 있는 방법에 집중을 해야 할 필요가 있어요. 그래서 지금은 영양학적인 분석을 접목시켜 환자분의 치료 결과를 보여드리고, 이후 관리까지 함께 하는 것을 목표로 하고 있습니다. 그 외로는 '한방수의학'라는 분야에 대해서도 널리 알리고, 관심 있는 수의사와 한의사들이 활발하게 연구를 할 수 있는 환경이 만들어질 수 있도록 돕고 싶습니다.

궁극적으로는 'One Health'라는 공간을 만들 생각입니다. 일본에 다케타즈 미노루라는 분이 쓰신 에세이 [숲속 수의사의 자연일기]를 모티브로 하는 동물병원과 한의원을 접목시킨 그런 공간이죠. 사람과 동물이 어우러져서 생활할 수 있는 보다 편안한 공간을 만드는 것이 목표입니다. 나눠지지 않고 모두가 함께할 수 있는 공간, 그런 공간을 만들고 싶어요.

Q. 앞으로 원장님께서 하시는 일이 세상을 어떻게 바꿀까요?
A. 지금까지 제 이야기를 통해 눈치를 채셨겠지만, 제 관심분야가 넓어요. 그리고 모든 것에 열심히 시도를 해보고 있는 중이죠. 제가 훌륭하신 다른 분들을 통해 새로운 세상을 접할 수 있었듯이, 저를 통해서 '이런 분야도 있구나'라는 것을 많은 분들이 접하실 수 있었으면 좋겠다는 작은 바람이 있습니다. 제 스스로가 다른 분들에게 보여줄 수 있는 목표가 되고 싶어요. 그렇게 많은 도전들이 계속해서 이뤄지다 보면, 계속해서 좋은 변화가 일어나지 않을까 생각합니다.

한의학과 수의학, 그리고 원장님의 관심분야에 대해 끊임없이 이야기를 나누면서 한의학으로 포괄할 수 있는 다양한 분야에 대해서 알아갈 수 있었던 소중한 시간이었습니다. 계속해서 도전하고, 공부하고, 결과를 쌓아가면서 새로운 한의학의 이미지를 만들어나가는 것. 또 아직 연구할 것이 많이 남은 한방수의학 분야에 대해서도 관심을 갖고 연구하는 것. 원장님이 꿈꾸시는 미래에 많은 선후배님들이 함께하길 바라며 ;)

Interviewer. 토끼, 용, 패럿, 갈매기
Writer & Editor. 토끼

부록
- 한약의 안전성
- 일상 속의 한약재

한약의 안전성

대한민국 약전에는 165종의 한약재와 한약제제를 규정하고 있으며, 그 외 약전에서 규정하고 있지 않은 한약재와 한약제제는 '약전 외 한약(생약) 규격집'에서 379종을 규정하고 있습니다. 한약의 안전성에 대해서는 전문가에 의해 처방된 약의 경우 안전하다는 통념이 대부분이나, 한약재를 포함한 천연물 의약품 사용의 전세계적인 증가에 따라, 안전성에 대한 이슈도 주목받고 있습니다.

국가적으로 한약 부작용 보고 체계를 운영하는 일본의 경우는, 2005년 기준 총 의약품 부작용 보고의 2.23%가 한약에 의한 것이었다고 합니다. 한국의료분쟁조정중재원의 '의료분쟁 조정중재 통계연보'에서도 5년간 의료행위 조정 사례 중, 한약이 차지하는 비율은 0.3%로 극히 낮았습니다.

국내에서도 한약의 안전성에 대해 '한국소비자원'에서 '한약재 중금속 모니터링'을 통해 중금속, 이산화황, 납, 수은 등에 대해 분석을 진행하였으며 그 결과, 매우 안전함이 밝혀졌고 시중에 유통되는 쌀에 비해서도 낮음이 밝혀졌습니다. (카드뮴 기준) 2010년 한국의약품 시험 연구소에서도 서울시내 소재 한의원 30곳을 무작위로 검사한 결과 한약에 중금속, 잔류농약이 검출되지 않았다고 합니다.

2021년 대구시 보건환경연구원에서 대구 약령시장 한약재를 대상으로 조사한 결과에서도 중금속 안전조사에서 적합 판정이 나온 바 있습니다.

그럼에도, 더욱 엄격한 한약의 안전성 관리를 위해 2015년 부터는 한약재 GMP 기준이 의무화되어 농약, 중금속 기준 뿐만 아니라 '의약품용 한약재'의 경우에는 '제조시설과 기구, 원료의 구매, 제조 및 품질검사, 그리고 제품(한약재) 출하에 이르기까지 생산 공정 전반'을 표준화된 절차를 거쳐야 의료기관에서 사용할 수 있게 되었습니다.

한국한의약진흥원에서는 매년 한약품질모니터링을 통해 모니터링을 신청한 한의원, 한방병원의 탕약에 대해 잔류농약, 중금속, 곰팡이독소, 미생물, pH 검사를 진행하고 있습니다.

2017년 한국한의학연구원 주도로 국내 10개 한방병원에서 1,001명을 대상으로 진행한 연구에서는 일반인구집단에서 한약으로 인한 간손상 발생 확률이 0.6% 정도 되어 한약의 안전성을 입증한 바 있습니다. 또한, 2022년, 한의약혁신기술개발사업을 통해 발표된 '보건의료빅데이터 기반 한약 안전성 연구 (단국대 이상헌 교수)'에 의하면 의료기관 방문이 약인성 간손상이나, 신장 손상으로 이어질 확률이 높아지는데, 한의의료기관 방문자 들은 약인성 간손상의 발생 확률이 양방에 비해 유의하게 낮았습니다.

1. Park HL, Lee HS, Shin BC, Liu JP, Shang Q, Yamashita H, et al. Traditional Medicine in China, Korea, and Japan: A Brief Introduction and Comparison. Evidence-Based Complementary and Alternative Medicine 2012;429103
2. 한국의료분쟁조정중재원. 2020년도 의료분쟁 조정중재 통계연보. 2021.
3. Cho JH et al. A nationwide study of the incidence rate of herb-induced liver injury in Korea. Arch Toxicol. 2017 Dec;91(12):4009-15.

일상 속의 한약재

한약재의 사용은 오랜 시간 동안 많은 응용과 확인을 거쳐서 끊임없이 발전해 왔습니다. 한약에는 식물, 동물, 광물이 포함되는데 식물류가 대부분을 차지하고 있기 때문에 한의학에서 다루는 모든 약물을 총괄하여 본초라 하기도 합니다. 대한민국약전, 식약처 고시, 약사법 등에 생약, 생약제제, 한약, 한약제제, 한약재 등으로 다양하게 규정되어 있는 이러한 한약재들은 우리 일상 속에서 농산물, 약용작물 등으로도 다양하고 가깝게 만날 수 있습니다. 그러나 현행 규정, 고시에서 분류가 되듯이 한약재는 유익하기도 하지만 그 독성이나 약성이 강한 것들이 있기 때문에 한의사, 한약사와 같은 전문가들이 다루는 약과 상대적으로 쉽게 접근할 수 있는 식품·농산물이 나뉘어 있습니다.

 식약처 분류 상 식약공통인 약재가 있지만 약성이나 독성이 강한 약재들은 식품으로 사용할 수 없으며, 식품에 사용할 수 없는 원료를 판매·사용하는 경우 : 『식품위생법』제7조(식품, 식품첨가물의 기준 및 규격)위반, 5년이하의 징역 또는 5000만원이하의 벌금이 부과될 수 있습니다. 식품의약품안전처의 안내 자료에 따르면 식품에 사용할 수 없는 주요 한약재(농임산물)는 아래와 같습니다.[1] [2]

감수, 관동화, 꼭두서니, 나팔꽃(씨), 낭도, 대극, 대마, 대복피, 대황, 도인(복숭아씨), 등칡, 디기탈리스, 마두령, 마편초, 마황, 만형자, 매화나무(씨앗), 맥각, 멀구슬나무, 목단피, 목통, 목향, 미국자리공, 반하, 방기, 방풍, 백두구, 백부자, 백선피, 보골지, 보두, 붉나무, 뽕나무겨우살이, 석류(껍질, 씨), 선모, 세신, 센나, 소철(씨), 속새, 속수자, 숯, 승마, 시호, 양귀비, 여정실, 오배자, 용뇌, 용담, 유향, 육종용, 으아리, 은방울꽃, 자리공, 저백피, 주목나무, 쥐방울덩굴, 진교, 차전자, 천남성, 초오, 측백나무, 택

---

1) 식품에 사용할 수 없는 주요 농임산물 브로마이드. 식품의약품안전처.
2) 식품의약품안전처 홈페이지(www.mfds.go.kr) 법경·자료 〉고시·훈령·예규 〉식품의 기준 및 규격

사, 토근, 파두, 피마자, 행인(살구씨), 향부자, 호미카, 황련, 황벽나무 등

표 1. 식품에 사용할 수 없는 한약재

실제 한약으로도 많이 쓰이지만, 식품으로도 사용할 수 있는 한약재도 많습니다. 도라지(길경), 구기자, 산수유, 마(산약), 오미자, 대추, 생강, 옥수수수염(옥촉서예), 계피(육계), 황기, 칡뿌리(갈근) 등 셀 수 없이 많은 한약재들을 우리가 가깝게 접하고 평소에도 많이 복용하고 있습니다. 이러한 한약재들은 반찬으로 먹을 만큼 안전성이 높은 것들도 있지만 약성·독성이 강한 것들도 많기 때문에 전문가의 처방에 따라 복용하는 것이 좋습니다. 특히 의료기관에 공급되어 사용하는 약재들은 식약처에서 허가한 국가 공인 기관에서 기준치 이상의 성분 함유 여부와 '중금속'과 '농약'의 잔류 여부에 대해 모두 확인 검사를 시행한 이후 효능이 있고 깨끗하고 안전하다고 확인된 것만 선정 분류되며 공급되기 때문에 일반적으로 유통되는 것보다 훨씬 우수한 약재들을 사용하고 있습니다.

우리가 평소에 개별 한약재들로도 많이 접할 수 있지만, 생약제제나 식품으로 접하는 것도 많습니다. 우리가 잘 알고 있는 가스활명수(아선약, 육계, 정향, 현호색, 육두구, 건강, 창출, 진피, 후박 등), 인사돌(옥수수, 후박 등), 여명808(오리나무, 마가목, 갈근(칡뿌리), 대추) 등 처럼 정말 판매량이 각 분야에서 최상을 차지할 정도로 보편적으로 접할 수 있는 한약들이 많고, 특히 이번 COVID-19로 인하여 은교산, 갈근탕, 구풍해독탕과 같은 약국에서 판매하는 감기 한방제제들이 품귀 현상이 나타나고 포털 검색 순위에서 상위를 차지하는 상황도 볼 수 있었습니다. 이외에도 양의사들이 처방하는 전문의약품으로 현호색, 견우자 성분으로 만들어진 모티리톤, 애엽 성분으로 만들어진 스티렌투엑스정 등 많은 천연물신약의 개발로 이미 꽤 많이 일상에서 양약과 함께 한약 성분을 복용하고 있는 것을 볼 수 있습니다.

이미 수천년전부터 우리 일상에 녹아들어 있는 한약재는, 각종 연구와 제형의 발달 및 제도의 변화와 더불어 지속적으로 우리의 건강을 지키고, 치료하기 위해 발전해 나갈 것입니다.

전기컴퓨터공학도에서 한의사로,
김도환 한의사
(2-1)

수험생직업병을 치료하다

'저는 퇴사하고 한의사합니다' 프로젝트에서 두번째로 만나러 간 분은 김도환 원장님입니다. 서울대 공대를 졸업하시고 LG와 삼성에서 연구원으로 계신 공학도 출신 한의사이신데요. '수험생직업병'이라는 다소 생소하면서도 익숙한 질환을 진료 중이신 원장님의 이야기, 지금부터 전해드립니다!

김도환 원장님 약력
- 서울대학교 기계항공공학부 졸업
- 원광대학교 한의학과 졸업
- (전) LG 및 삼성 책임연구원
- (전) 5급 공무원 합격
- (현) 두청한의원 원장

Q. 안녕하세요. 간단하게 자기소개 부탁드립니다.
A. 안녕하세요 한의사 김도환이라고 합니다. 서울 서초구 양재동에서 두청한의원을 하고 있고 수험생들 위주로 진료를 보고 있어요.

Q. 요즘 원장님의 일과, 일주일 일정이 어떻게 되시나요?
A. 주된 일과는 진료이고요. 진료가 끝나고 나서는 여러 활동을 해요. 주로 한의원을 더 성장시키기 위한 일들이에요. 목요일에는 휴진이라 대

외 업무를 봐요. 이렇게 인터뷰, 촬영 등이 있을 때 휴진일을 활용하죠. 그리고 일요일에는 좀 쉬면서 가족들과 시간을 보냅니다.

Q. 한의원을 성장시키기 위해서는 어떤 일을 하시나요?
A. 비유를 해보자면 우리가 식당을 하나 오픈했어요. 나는 맛있게 만드는데 내가 어디에 있는지 아무도 모르면 내 실력을 발휘할 기회조차 없는 거거든요. 실력도 좋아야 되지만 내가 어디에 있다는 것을 알리는 것도 굉장히 중요해요. 이런 부분들이 요즘 말로 하면 마케팅, 고객관리 등이 되겠죠. 책을 쓴 이유도 같은 맥락이었어요. 진료 외의 시간에는 이런 부분에 힘을 씁니다.

Q. 첫 전공인 기계항공공학부를 선택한 계기가 무엇인가요?
당시에는 학력고사 세대였는데요. 시험 전에 지원을 먼저 하는데 한 군데에만 지원을 할 수 있었어요. 원서를 먼저 쓰고 시험 한번 보고 끝이니까 기회가 별로 없었죠. 그래서 점수에 따른 학교, 과들이 배치표 상에 촘촘하게 쭉 쓰여 있었고 거기에 맞게 준비를 했어요. 저는 성적에 맞춰서 서울대 공대에 쓰게 됐고, 공대 중에서 무슨 과를 선택할까만 남아 있었어요. 근데 아는 게 없으니까 어린 마음에 일단 서점에 갔어요. 서점에 있는 전공 서적들을 한 번씩 쭉 봤는데 그나마 제일 알 법한 게 기계더라고요.(웃음) 눈에 보이잖아요. 전기나 컴퓨터는 안 보여서 이해가 안 되는데 기계는 움직이는 물체가 있으니까 기계가 좀 더 낫지 않겠나 하는 마음에 기계공학과를 선택한 거죠.

Q. LG 및 삼성 책임연구원에서 한의사로 이직을 결심한 계기는 어떻게 되시나요?
A. 처음에는 전공도 재밌었고 회사에 입사한 후에는 일도 재밌었어요. 원래 공학을 좋아했고 하는 일도 적성에 맞아서 잘 풀렸어요. 원하는 곳으로 이동도 자유로웠고 승진도 잘 됐고요. 이렇게 좋은 상황이었는데

도 이직을 생각하게 된 계기가 있었죠. 연구소에서 어느 날 일을 하다가 고개를 들어봤는데 나이가 있으신 분들이 하나도 안 보이는 거예요. 40대 후반쯤부터 안 보였어요. 그래서 옆에 계신 과장님한테 여쭤봤더니 "몰랐어? 다 퇴직하고 나가서서 지금 뭐하는지 몰라" 하시는 거예요. 그때 당시에 되게 놀랐었어요. 저는 그냥 좋은곳 취직하면 다 됐다고 생각했는데 4,50대부터 일이 없다는 거잖아요. 이래도 되나 하는 생각들이 들었죠. 사실 고3 때도 서울대 나오신 큰아버지가 젊었을 때에는 잘 나가셨는데도 50대에 정년퇴직하시고 저에게 한의대 가라는 얘기를 하셨었거든요. 어린 마음에 서울대에 가고 싶어서 선택을 했었는데 돌고 돌아 다시 한의대를 고민하게 됐어요. 마침 당시에 병역 특례로 석사 마치고 군대 3년 대신 회사 5년을 다니던 게 끝나가는 시기이기도 해서 결정을 내리고 한의대 준비를 시작했죠. 당시에 한의대가 인기였는데 다행히 운이 좋아서 3개월 공부하고 입학하게 됐습니다.

Q. 5급 공무원 시험 준비는 어떻게 하게 되셨나요?
A. 이건 사실 장학금 때문이었어요. 당시 학교에서 공무원 시험에 합격하면 장학금을 주는 제도가 있었거든요. 퇴사하고 학비가 부족한 상황이라 등록금을 대체할 장학금이 필요해서 공무원 시험 준비를 하고 합격했죠. 근데 공무원이나 취업과는 관련 없는 한의대 학생인 제가 탄후로 다음 해부터 그 제도가 사라져서 좀 죄송하게 생각하고 있습니다.

Q. 두 번째 대학생활을 하면서 학부시절에 어떤 학생이셨나요? 그리고 학창시절에 기억에 남는 활동 혹은 고충이 있으셨나요?
A. 나이 든 예비역이었어요.(웃음) 입학 당시에 30대 초반이라 20살 친구들과 띠동갑이 넘어가는 삼촌이었죠. 고충으로는 당시 가정이 있는 상태에서 학업을 병행하는 게 힘들었어요. 물론 와이프가 제일 힘들었겠지만 저도 학비와 생활비를 마련해야 되고 해서 어린 학생들과 같은 학교생활을 하기에는 어려운 상황이었어요. 그리고 졸업한 후에도 좀

더 공부하거나 여행 다니는 등 어린 동기들이 생각하는 그런 여유도 없었죠. 졸업하고 4년 정도 부원장을 하고 막판에는 개원할 자리를 알아보면서 대진을 했어요. 첫 개원은 지금 한의원은 아니고 중랑구 쪽에서 양수받아서 했었어요.

Q. 개원 시기가 비슷한 나이대 분들보다 늦어지면서 개원 당시에 겪었던 장단점이 있으셨나요?
A. 일단 단점은 체력이 부족하다는 거예요. 젊은 사람들은 요즘 365일 진료에 야간진료도 하고 그러잖아요. 저는 그건 도저히 안 되겠어서 전에 계시던 분보다 진료시간을 줄였어요. 대신 장점은 다른 경험이 많다는 거예요. 회사도 다녔고 나이도 있어서 다양한 사람들을 만나봤다 보니 사람을 대하는 게 좀 편한 거죠. 대기업도 다녀봤고 공무원 준비도 해봤고, 사실 중간에 벤처 기업도 좀 다녀봤거든요. 이런 여러 과정에서 다양한 경험을 해서 환자분들이 오면 얘기할 스펙트럼이 넓었어요. 어린 나이에 졸업하고 바로 한의사가 됐다면 치료는 할 줄 아는데, 이걸 어떻게 말로 풀어야 할지 고민이 됐을 것 같아요. 환자분과 얘기하는 과정에서 사무적이고 어색하고 그런 느낌들이요. 한의사는 문진 할 것도 많은데 이렇게 진료 과정에서 어색함 없이 편하게 대화할 수 있는 게 상당히 큰 강점인 것 같습니다.

진료는 단순히 침을 놓고 약을 쓰는 게 아니라 사람과 사람이 만나는 것이거든요. 새로운 인연이 생기는 걸로 볼 수 있죠. 사람이 왔을 때 그 사람을 알아주고 상황을 내가 이해할 수 있으면, 매뉴얼대로 얘기하는 게 아니라 그 사람에 맞춰서 얘기를 해 줄 수 있어요. 라포 형성에도 도움이 많이 되고 계속적으로 진료를 받으러 오는 등 여러 좋은 점이 있죠. 저도 예전에 한의대에 입학하려고 다시 수능 공부할 때 너무 힘들었어요. 그래서 걷다가 그냥 가까운 한의원에 들어갔는데 그곳 원장님이 되게 편안하게 얘기를 해주셨어요. 그래서 그곳에서 계속 치료를 받았죠. 환자분들의 상황을 이해하는 건 중요한 부분입니다.

Q. 환자이해 외에도 직장생활의 경험이 한의사로서 살아가는데 도움이 된 부분이 있으신가요?
A. 공학적인 관점도 도움이 많이 됐어요. 한의학 이론을 문제 해결의 측면에서 바라보게 된 거죠. 증상을 해결하기 위해 어떤 걸 보고 어떻게 할지 계획을 짜고, 목표가 설정되면 그에 맞는 설계를 하고, 설계대로 테스트해봤을 때 원했던 결과가 나오는지 보고 피드백을 하고 이런 과정들이 제게 자연스럽게 배어있었어요. 공학을 언뜻 생각하면 수학 공식처럼 딱 될 것 같지만 실제로 만들어보면 전혀 다른 결과가 나올 때가 많아요. 그럼 그것을 해결해가는 게 제 일이었거든요. 마찬가지로 진료도 한약을 얼마큼 먹으면 낫는다 하는 것들이 딱 정해져 있지 않다 보니 같은 맥락이에요. 이런 식으로 접근하다 보니 너무 철학적이거나 뜬구름 잡지 않지 않고 공학적 관점에서 한의학에 접근할 수 있었어요. 큰 도움이 됐습니다.

<진료 & 콘텐츠>

Q. 수험생 직업병을 전문적으로 보게 된 계기가 어떻게 되시나요?
A. 제가 고등학교 때부터 소위 말하는 수험생 직업병이 있었어요. 시험 때만 되면 체하고 배 아프고 화장실 달려가고 그러니까 힘들었죠. 그래도 그때는 어려서 시험이 끝나면 괜찮아지고, 좀 더 힘들 때에는 동네 한의원에서 한약 지어먹으면 괜찮아지고. 이런 식으로 넘겼는데 두 번째 수능을 보면서 너무 힘들더라고요. 여러 문제들이 동시다발적으로 다 올라오고, 나중에는 밥을 못 먹을 정도로 힘들어져서 한약도 먹고 달래가면서 가까스로 시험을 봤어요. 그런데 시험이 끝나고 한의대를 다니면서도 안 없어져서 혼자서 나름대로 공부하고 치료해보니 그때서야 좀

좋아졌어요. 저 같은 사람들이 또 있겠다는 생각이 들더라고요. 주변 동기들만 봐도 꽤 있는 것을 보면 분명 이런 사람들이 더 있을 거고, 치료를 통해 도움이 되면 너무 좋겠다 싶어서 시작하게 되었어요.

Q. 한의대생 시절에는 주로 어떤 증상들이 나타나셨나요?
A. 저는 예과 때가 제일 힘들었던 것 같아요. 수능을 보고 탈진된 상태에서 평생 가본 적 없는 지방에서 처음으로 자취를 하게 되었어요. 주말에는 매주 서울에 올라와서 과외를 했고요. 그러면서 더 탈진이 된 거예요. 원래 비염이 견딜만한 정도로 있었는데, 당시에는 상당히 심해져서 밤에 잠을 못 잤어요. 잘 때 코가 아예 막히거나 콧물이 너무 흘러서 잠을 깨는 정도였어요. 교수님들을 찾아다니면서 침도 맞고, 한약은 제가 직접 공부해서 지어먹어봤어요. 그러면서 어느 정도 진정이 됐죠.

그리고 역류성 식도염도 있었어요. 예비역들이랑 밤마다 술을 마시다 보니까 갑자기 식도염이 생겼는데 낫지를 않았어요. 눕지를 못해서 앉아서 잘 정도였고, 시험기간에는 더 심해지는 게 반복됐고요. 그런데 한의학을 공부하다 보니 비위 기능에 대해 배우고, 비위를 다스리면 식도염이나 과민성 대장 증후군도 좋아진다는 내용도 접하게 됐어요. 더 알고 싶어서 제 자신에게 실험을 계속했죠. 방제학, 동의보감, 고방 등도 공부하고 학회, 스터디, 침구 동아리 등 계속 공부하면서 치료법을 찾아갔어요. 그랬더니 이것도 좋아지더라고요. 나만 좋아지는 건지 궁금해서 친구들에게도 실험해봤는데 좋아졌고요. 임상에 나갔을 때 비염, 식도염 있는 어르신들에게도 효과가 있었어요. 정말 신기하지 않나요? 옛날 사람들이 도대체 어떻게 알았을까 생각하니 재미있는 거죠. 보람도 있고. 그러면서 점점 실력을 쌓게 됐어요.

Q. 수험생 직업병 치료가 어떤 방식으로 이뤄지는지 구체적인 내용이 궁금합니다!
A. 수험생들은 특수한 상황이에요. 일반 통증 환자들하고는 다르죠. 입시라는 거대한 압박감도 있고, 끊임없이 공부해야 되기 때문에 쉬고 싶어도 쉴 수 없고 아파도 안 되는 상황이에요. 그래서 상담할 때도 아이와 부모의 마음을 함께 이해해야 해요. 특히 부모님들께 처음에 납득을 시켜드리는 것이 중요해요. 이게 단순한 꾀병이 아니고 현재 상황이 계속되면 성인병까지도 이어질 수 있다. 이번에 잘 치료하면 아이가 공부하는데 효율도 훨씬 높아지고 시험 때까지 편안하게 공부할 수 있을 것이다. 이런 부분들을 잘 말씀드리는 게 치료의 시작이에요.

그 이후로는 아이의 체질과 증상 등을 종합적으로 봐서 약해진 부분을 보충을 해줘요. 요즘 아이들은 합병이 많아서 약을 쓸 때 단순하게 증상과 처방을 일대일 대응시키지 않아요. 예를 들어 합방으로 처방을 내린다면 그 비율이 중요하죠. 아이의 상태가 심리적인 부분이 크다면 이걸 해결해 줄 약재 비율을 높여서 군약으로 쓰고. 그것보다는 오장육부 중에 문제가 있으면 해당 약재 비율을 높이고. 그리고 어쨌든 공부하다 보면 다시 힘들어지는 경우가 생기는데 이때 어떻게 할지 미리 티칭을 해줘요. 심리적인 안정도 상당히 중요하기 때문이지요. 수능까지 책임지고 이 아이를 안 아프게 해 준다는 데에서 다른 질환군 진료와는 좀 다릅니다.

Q. 신문, 유튜브 등 다양한 매체에서 활동하고 계시는데, 어떤 계기로 시작하셨나요?
A. 앞에서 말했듯 알리고 싶었어요. 수험생 직업병으로 힘들어하는 아이들은 생각보다 많은데 단순한 영양제 등에 의존하고 있는 경우가 많아요. 부모 입장에서 모르면 해줄게 얼마 없는 거예요. 머리가 계속 아프대서 병원에 가서 검사해봐도 별 이상이 없다고하고, 영상을 찍어봐도

뇌에 이상 없이 신경성이라고 하고 끝나요. 근데 당사자는 굉장히 힘들거든요. 진짜 고통이 있는 거예요. 그래서 이런 증상들을 본질적으로 치료할 수 있는 저희 한의원을 어떻게 알릴까 고민을 하다가 하나씩 시작하게 됐어요. 실제로 유튜브, 블로그 등의 매체를 보고 환자분들이 많이 찾아오세요.

Q. 유튜브 콘텐츠를 만들 때 제일 중요하게 생각하시는 부분이 무엇인가요? 추후 콘텐츠 제작에 관심이 있는 한의대생들에게 조언(꿀팁?)도 부탁드립니다!

A. 의료 분야라 해도 너무 딱딱하지 않았으면 좋겠어요. 저의 성향이기도 한데 너무 진지하면 힘들더라고요. 중간중간 재미도 있고, 사람들이 이해할 수 있게 표현도 어렵지 않게 하고요. 전문용어로 설명을 할 때 환자가 이해하지 못하면 내 지식을 자랑하는 것뿐이지요. 그래서 알기 쉬운 비유도 들고 대화하듯이 얘기를 풀어가는 편이에요.

Q. 원장님의 한의원 운영에 대한 철학이 있으신가요?
A. 철학이라기엔 좀 거창하고, 요즘 자주 하는 생각은 환자분들의 마음을 알아주자는 거예요. 의료인들이 본인의 의술, 치료법에만 몰두하다 보니 환자의 심리에는 상대적으로 관심이 적은 것 같아요. 보통 병원에서 검사 결과만 보고 진단을 내리잖아요. 근데 사실 환자도 사람인지라 마음이 있는 거죠. 환자들과 대화를 많이 해보면 더 느껴져요. 단순한 치료가 아니라 이 사람이 진짜로 원하는 게 무엇일지, 풀리지 못한 것이 있는 건 아닐지 계속 생각하게 돼요. 몸과 마음의 문제를 아울러서 해결해 줄 수 있는 한의사가 되는 게 목표입니다.

Q. 인생 그래프를 그린다면 Up(가장 뿌듯) &Down(포기하고 싶었던 순간) 으로 무엇이 있으신가요?
A. 저는 감정 기복이 심한 편은 아니고 잔잔한 성향인 것 같아요. 와이프는 제가 감정이 메말랐다고 해요(웃음) 그래서 막 심하게 힘들거나 굉장히 좋기보다는, 매 순간에 어려움과 즐거움을 느끼는 것 같아요. 예를 들면, 한의대에 와서 새로운 어려움이 있고, 거기서 얻는 즐거움도 있고. 한의원을 차린 후로는 내 마음대로 안 되는 게 있고, 생각 외로 잘 되는 것도 있고. 어떻게 보면 매일매일이 Up&Down인 거죠. 그래서 저는 어떻게 하면 추진력을 잃지 않고 계속 앞으로 나아갈 수 있을지에 대해 주로 고민해요. 어떻게 하면 좀 더 좋아질지, 어떻게 하면 여기서 좀 더 나아갈지 고민합니다.

Q. 계속 새로운 분야에 도전하는 원동력이 있으신가요?
A. 다양한 이유가 있을 텐데 일단 저는 늘 도전해야겠다는 마음이 있는 것 같아요. 몸속에 항상 새로운 걸 해보고 싶다는 뭔가가 있어요. 실제로 제가 살아온 삶을 보면 2년 주기로 변화가 있어요. 회사도 2년 다니다 옮겼고, 한의대는 6년을 채워야 했지만 졸업하고 부원장도 2년씩 2번 했고. 개원해서도 2년 정도 있으니까 새로운 걸 하고 싶어서 새로운 시

스템을 만들었어요. 일반 동네 한의원에서 벗어나고 싶어서 특화 프로그램을 만들었더니 또 변화가 생기더라고요. 성장한 거죠. 이러면서 다른 곳에서도 잘 할 수 있을 것 같다는 자신감이 생겨서 한의원을 이전했어요. 그리고 지금 자리로 와서 2년 고생하면서 또 새로운 일을 생각해 냈고 계속 적용해보고 있어요. 새로운 것에 도전할 때 단순히 '해보고 싶다'하고 하는 건 아니고 많은 부분을 고려한 후에 실행으로 옮겨요.

Q. 요즘도 새로운 것에 도전하고 계시나요?
A. 그렇죠. 아까 말한 사람들이 나를 알게끔 하는 것을 계속 고민하고 있거든요. 어떤 매체를 써야 하고, 어떻게 해야 사람들이 우리 한의원의 이런 좋은 시스템과 치료법이 있는 것을 알게 될지 계속 고민해요. 단순히 블로그에 글만 계속 올린다고 되는 것도 아니고, 사람들이 진짜 원하는 게 무엇일지 계속 고민을 해봐야 하죠. 여러 시도를 해보면서 감을 가지려고 하고 있어요.

Q. 병원 마케팅을 전문으로 하는 업체도 많은데. 그런 곳의 도움도 받으시나요?
A. 마케팅 업체와도 협력을 해봤는데 그때 느낀 게 그냥 맡겨놓으면 안돼요. 업체 분들은 당신들이 돈을 벌면 되고, 그러려면 그냥 한의원의 현 상황이 유지만 되면 되는 거예요. 발전이 없는 거죠. 그래서 우리가 이것 저것 해보자, 바꿔보자고 요청을 많이 해야 해요. 그리고 원장으로서 변화를 인지해야 하죠. 이런 변화를 주니까 환자가 어떻게 바뀌었고, 이런 환자들이 많이 오더라. 이런 식으로 본인도 피드백을 계속해야 하고, 업체한테도 전달해야 해요. 그에 맞게 또 새로운 방식을 시도해보고, 또 그에 대한 피드백을 해보고. 이런 과정을 끊임없이 반복할 때 성장하는 거예요.

Q. 어떤 분들에게 한의사라는 직업을 추천하시나요?
A. 한의사에 맞는 성향이 딱 있기보다는 다들 자기 성향에 맞게 한의사를 하는 것 같아요. 본인의 스타일을 알아야 되고, 더 중요한 건 시장 상황이나 다른 사람들의 상황을 알아야 하는 것이지요. 그에 맞게끔 한의원을 차리고 그에 맞는 한의사가 되는 것입니다.

Q. 앞으로 한의사가 될 한의대생들에게 해주고 싶은 말씀이 있으신가요?
A. 지금 제가 하는 이야기들은 어떻게 보면 조금 먼 미래일 수 있어요. 지금 당장 졸업하고 병원에 갈지 부원장을 갈지 고민하는 학생들에게 개원 후에 어떻게 해야 할지를 이야기해주면 잘 와닿지 않을 수도 있어요. 그래서 저는 지금 학생들에게 우선 국시를 통과하고, 다른 고민은 그 후에 해도 늦지 않을 것 같다고 말해주고 싶어요.

Q. 뭘 할지 아직 잘 모르겠다면 일단 눈앞에 주어진 것에 집중하라는 말씀이신가요?
A. 그렇죠. 지금 뭘 하라고 해도 할 수 있을까 하는 생각도 들고요. 예를 들어 지금 동의보감 몇 번을 읽으라고 하면 못 읽잖아요.(웃음) 이게 도움이 된다고 해도 여건이 어렵거든요. 그래서 이런 것보다는 지금 급한 불부터 끄고, 고민이 생기면 그 고민과 관련된 사람들, 나보다 먼저 그 고민을 한 선배님들에게 물어보는 것이 좋을 것 같아요. 그렇게 듣는 얘기가 확실히 잘 와닿더라고요.

Q. 앞으로의 목표. 되고 싶은 한의사의 모습이 궁금합니다!
A. 현재 목표는 한방병원을 세우고 싶어요. 한의원에서 나아가고 싶습니다. 어떻게 갈지는 아직 고민 중이지만 목표를 세워놓고 거기에 맞게끔 변화를 주고 성장하려고 해요. 예전에는 정말 제 위주로 생각하고 고민했어요. 제가 원하는 모습, 하고 싶은 모습의 한방병원요. 하지만 다른 사람들, 환자분들의 마음이 무엇인지를 계속 생각하다 보니 이제는

사람들이 원하는 게 무엇일지가 우선돼야 한다는 생각이에요. '내가 원하는 게 이것인데 여기에 맞는 모습이 뭘까' 보다는 '사람들이 이걸 많이 힘들어하는데 내가 해줄 수 있는 게 뭐지? 어떤 시스템을 만들어야 되지?'인 거죠. 요즘은 이런 고민을 하고 있습니다.

Q. 앞으로 원장님께서 하시는 일이 세상을 어떻게 바꿀까요?
A. 제가 예전에 마음공부를 했었어요. 한의대에 왔는데 마음이 힘든 거예요. 그래서 한방신경정신과 박사과정도 갔었고, 마음 치료하시는 한의사 분도 찾아가서 많이 배웠어요. 마음이 힘든 사람을 치료할 때 보통은 어떤 처방을 쓸지, 어떤 얘기를 해줄지 고민하잖아요. 근데 내가 힘들 때 옆에서 이거 해라 저거 해라 그러면 어때요? 쉽게 바뀌지가 않죠. 마음이 아픈 사람은 몸이 아픈 사람보다 치료가 100배는 힘든 것 같아요. 근데 그런 사람들이 어떻게 낫는지를 보면 스승님이 그런 말씀을 하셨어요. 내가 행복하면 주변이 행복해진다고. 내가 마음이 평화롭고 기쁘면 환자들이 거기에 영향을 받아서 바뀐다는 거죠. 그래서 내가 흔들리면 안 되고 나의 수양이 제일 중요해요. 같은 맥락에서 의도적으로 세상을 어떻게 바꾸겠다기보다는 내가 정말 기쁘게 뭔가를 하면 주변에서 그 영향을 받아 변하는 사람이 있을 거예요. 그러면 자연스럽게 세상에도 좋은 방향으로 영향을 줄 수 있을 것이라고 생각합니다.

Q. 그러면 원장님께서는 어떻게 편안함 내지 기쁜 마음을 유지하시나요?
A. 간단하게 말하면 다른 일을 하면 돼요. 잡생각들을 그냥 놔두면 부정적인 생각들이 늘어나요. 그래서 의도적으로 다른 일을 통해 부정적인 생각을 피하는 거죠. 부정적인 내용의 기사 등을 피하고 좋은 기사, 좋은 글도 읽고, 몸을 가만히 있지 않고 계속 움직이고 하면 긍정적으로 바뀔 수 있더라고요. 그리고 마음공부할 때 스승님한테 배운 게 제 화를 먼저 참는 거였어요. 세상에는 내 마음대로 안 되는 부분도 있고, 그래서 화가 나는데 내 화도 참지 못하면 어떤 환자를 치료하겠냐는 깨달음을 얻었

어요. 그러면서 많이 변했죠.
원래는 제 성격이 까칠했어요. 좋게 말하면 샤프한 거고 안 좋게 말하면 공대틱한 까칠함(웃음). 하나 기억나는 게 회사에서 과장이었을 때 연대 공대 학생들에게 산학 과제를 맡겼어요. 근데 박사 과정 학생들인데도 프로젝트 내용이 너무 성에 안차서 좀 심하게 뭐라고 했어요. 그랬더니 그 학생들 선배였던 제 회사 후배가 제가 너무 까칠했다고 전하더라고요. 저는 당연하다고 생각한 것들의 기준이 되게 높았던 거예요. 늘 그렇게 살아왔어서 몰랐는데 그때 느꼈어요. 당시 알던 사람들을 나중에 만나면 상당히 부드러워졌다고 하더라고요. 저의 이 좋은 변화를 토대로 세상에도 좋은 영향을 끼치고 싶습니다.

다양한 경험을 해오며 지금에 이르신 원장님의 이야기들이 인상깊게 다가왔습니다. 늘 도전하는 마음으로 추진력을 잃지 않으려 하신다는 말씀에 저희 스스로도 돌아볼 수 있었습니다. 환자분들의 마음을 알아주고, 환자분들이 원하는 진료를 향해 나아가는 원장님의 앞날을 대만드도 응원드립니다!

Interviewer. 코카, 기린, 용
Writer & Editor. 코카

기계항공공학도에서 한의사로, 김현호 한의사

(2-2)

IT와 한의학의 결합으로 새로운 패러다임을 열다

대만드의 대부, 김현호 대표님을 다시 만나 뵈러 갔습니다! 첫 인터뷰 당시인 목동 동신한방병원장, 그리고 한의플래닛을 거쳐 현재 학생들에게 하베스트로 잘 알려진 '주식회사 7일'을 이끌고 계시는데요. IT와 한의학을 결합시켜 새로운 패러다임을 만들어가고 계신 대표님의 이야기, 지금 시작합니다!

김현호 대표님 약력
- 서울대 공과대학 전기컴퓨터공학부 학사 및 석사
- 경희대학교 한의과대학 졸업
- 경희대학교 진단생기능의학과 박사
- 경희대학교한방병원 진단생기능의학과 전임의
- (전) 목동 동신한방병원 병원장
- (주)버키 대표
- (현) (주)7일 대표

Q. 안녕하세요. 간단하게 자기소개 부탁드립니다.
A. 안녕하세요, 저는 IT 스타트업인 '주식회사 7일'의 파운더이자 대표이사를 맡고 있는 김현호라고 합니다. 한의사로는 침구과 전문의예요. 원

래 서울대학교 전기공학 전공이었고 같은 과에서 석사를 마친 후에 다시 수능을 봐서 경희대 한의대에 입학했어요. 졸업 후에 인턴, 레지던트, 펠로우를 하고 동신한방병원에서 3년 동안 병원장으로 병원 경영을 하다가 스타트업계로 나오게 되었습니다.

Q. 요즘 대표님의 일과, 일주일 일정이 어떻게 되시나요?
A. 일이 다양하게 많아요. 우리 회사가 이제 1년이 막 넘었다 보니 직원이 많지 않고 필요한 직원만 뽑아서 콤팩트하게 가고 있어요. 그래서 개발 이외의 모든 업무를 제가 한다고 보시면 됩니다. 시장에 대한 니즈 파악부터 전반적인 경영, 인사, 재무, 그리고 간식 채워 넣기, 회식 장소 고르기 등을 합니다.(웃음) 창업초반에는 전략적으로 투자유치가 필요하다는 판단으로 투자유치도 다녔구요. 그 외에는 학회나 강사들과 계약을 유치해요. 학회, 강사들과 소통하고 설득하는 과정들이 필요해요. 강의 촬영도 저희가 하고 있어요. 학술 콘텐츠 촬영은 예능이 아니라 간단하거든요. 전달만 잘 되면 되는 거라서 교수님 얼굴과 음성이 잘 나올 수 있게, 크지 않은 도구들을 이용해서 촬영하는 일을 하고 있습니다. 그리고 일주일에 한번은 경희대학교 본과3학년 강의도 합니다.
일주일 일정은 그때그때 해야 될 일에 따라서 달라져요. 아침에 출근하고 그날 촬영이 끝나는 시간에 퇴근합니다. 외부 회의도 많이 다녀요. 한의사이면서 IT를 하는 사람이 많지 않아요. 그래서 한의계 내에 여러 협회, 학회에서 한의학 데이터, 플랫폼과 관련된 얘기가 나오면 저를 많이 불러주셔서 외부 회의를 다니는 편입니다.

Q. 하시는 일이 정말 많으신데요!
A. 정신이 없어요. 다 열심히 하고 있고 좋은데, 이렇게 다양한 활동을 할 수 있게 만들어준 기술팀한테 고마우면서도 미워요.(웃음) 아직 제가 소화할 수 있으니까 '이런 사람이 필요하다'는 얘기를 못하겠어요. 그리고 실무형 리더를 지향하고 있기 때문에 제가 충분히 업무와 리스크를

파악하기 전까지는 위임을 하지 않는 편이에요. 다만 대표이사인 제가 지속적으로 비전을 재정립해야 하는데 현재 그 부분이 조금 부족해요. 제가 일에 치이고 있다 보니, 다음 단계에 대한 준비가 부족한 점이 아쉽습니다.

그래서 저와 일을 같이 할 멤버가 충원될 시점이 왔다고 판단하고 있어요. 현재 6명이라 1명을 충원하면 7명이 되잖아요. 우리는 콘셉트에 충실하기 때문에 (웃음) 무조건 7로 맞추거든요. 월급 날짜도 7일, 외부 정산일도 다 7일, 그리고 스타팅 멤버도 7명이에요. 지금 마지막 자리가 비어 있고 이 사람을 찾기 위해서 열심히 노력하고 있습니다.
(발행일 현재 '주식회사 7일'의 멤버는 11명이 되었으나, 대표님은 여전히 바쁘시다고 합니다..ㅎㅎ)

Q. 공대에서 석사까지 취득 후에 다시 한의대를 오게 된 계기가 어떻게 되시나요?
A. 한의대를 가고 싶어서 진로를 바꿨다기보다는, 공대에서 나오기로 결심한 게 먼저라고 해야겠네요. 제가 있었던 연구실 상황이 좋지 않아져서 가고 싶었던 유학을 갈 수 없게 되었어요. 공학이 싫어서 나온 것이 아니었기 때문에, 공학이라는 응용 학문을 한의학과 접목해서 한의학을 현대화하고 재밌는 것들을 많이 하는 한의사가 되고 싶었어요. 그런데 한의사 선배에게 물었을 때 오지 말라고 하더라고요. 직업으로써 한의사는 추천하는데 네가 와서 연구, 교육을 하려고 하면 말리고 싶다. 한의대는 특히 네가 원하는 공학과의 접목은 아무것도 없다고 하더라고요. 그때 '아무것도 되어 있지 않은 곳에 가서 깃발을 꽂으면 일인자가 되는 것이 아닌가'라고 생각했어요. 그래서 한의대 입학을 결정짓게 되었죠.

그렇게 한의대에 와보니 선배 말이 맞았어요. 무척 외롭고 되어 있는 것이 별로 없지만, 주변 사람들이 제 이야기를 많이 들어주시고, 응원도 해주시죠. 제가 만약에 의대에 가서 같은 일을 했다면 의공학, 프로그래밍 분야에는 이미 훌륭한 사람들이 많기 때문에 one of them이겠지만, 한의대에서는 당시에는 그런 분들이 많이 없었으니까 여러분이 주목해주시고, 제가 설득력 있는 이야기들을 많이 할 수 있던 것 같아요.

Q. 두 번째 대학생활을 하면서 학부시절에 어떤 학생이셨나요? 학창 시절에 기억에 남는 활동 혹은 고충이 있으셨나요?
A. 저는 두 번째 대학교이고 나이가 있어서 학업과 동시에 신경 쓸게 많았어요. 돈도 벌어야 되고 결혼도 했었고 아이도 낳았구요, 이런 생활에 대한 고충이 좀 있었죠. 그래서 주로 낮에 공부하고 밤에 일하는 모드였어요. 낮에는 학교생활에 충실하고 밤에는 과외, 학원 강사 일을 많이 하면서 등록금과 용돈을 벌었어요.
학문적인 고충은, 사실 한의대 강의를 들으면서 본과 1학년까지는 짜증이 많았어요. 아무래도 분석적인 분야를 전공한 경험이 있다보니 한의학 이론, 처방을 어떻게 이해해야 될지 고민이 많이 되었어요. 그러다가 두 가지 판단을 했어요.

첫 번째는 '이렇게까지 공부하고 고민했는데 나 정도 되는 사람이 이해가 안 되면 이게 잘못된 거다'라는 생각을 가졌습니다. 마음이 편하려면 그래야 되겠더라고요. 팔 수 있는 데까지 파보고 '도저히 안 되고 교수님도 대답 못하시는 건 버리자'고 결심하면서 부담이 덜해졌어요. 실제로도 의서에서 전해져 내려오는 내용이 100% 맞는 게 아니잖아요. 중간에 잘못된 내용도 있고, 역사 흐름상 잘못된 부분도 있는데 그걸 옳다고 생각하고 끼워 맞추려니까 부담이 됐던 거죠. 천인상응론 같은 이론이 과다사용되다보니, 한의학 신수설 같은 인식이 부지불식간에 생겨요.

두 번째는 '처방이나 이론을 어떻게 이해해야 되는가'에 대해 생각을 바꿨어요. 침술의 경우에는 국소적인 자극, 뇌 또는 호르몬과의 상호작용, 신경 전달 물질의 작용들을 이해할 수 있었기 때문에 크게 문제 되지 않앉어요. 원위 취혈은 당장 와닿지는 않지만 소화장애에 합곡, 족삼리 같이 지속적으로 반복되는 원위 취혈의 효능과 주치는 의미가 있다고 생각했습니다.

문제는 처방이었어요. 한의사가 제일 중요하게 생각하는 게 약이잖아요. 약에 대한 조합에서 한의사들이 보람과 쾌감을 느낀다는데 도저히 그게 안 되더라고요. 본초의 효능, 주치를 외우고 처방의 효능, 주치를 외우면 본초의 조합이 처방이기 때문에 일관적인 맥락이 나와야 되는데 잘 안 보였던 거죠. 해당 처방에서는 설명이 되더라도 비슷한 다른 처방에서 설명이 안 되기도 했고요. 그래서 본초학은 통과할 수 있을 정도만 공부를 하고 처방을 공부를 시작했어요. 이 과정에서 '약대'라는 책이 저한테 좋은 아이디어를 줬어요. 본초의 조합으로 내용을 시작했던 것으로 기억해요. '인삼-황기가 결합하면 A가 나타나는데, 인삼-복령이 결합하면 B가 나타난다. 이 두 개는 차이가 있으며, 인삼-복령이 조합된 처방들의 공통점으로 특정 효능과 주치가 있다'는 흐름으로 서술돼 있었어요.

이 책을 통해 방제를 이해하기 위해서 약재단위로 쪼개어 해석하는 환원주의식 방식은 아닌 것 같다는 깨달음을 얻었습니다. 자연스럽게 약재 성분, 케미컬 등에 대한 관심을 거두었어요. 성분 분석은 고전지식으로서 처방을 이해하는 데는 크게 도움이 안 된다는 생각이에요. 처방을 먼저 공부해서 처방의 사용을 보고, 그 안에서 약의 조합이 가지는 의미가 무엇인지를 보기 시작했어요. '약대' 역시 약재 2개의 조합이라 필요 이상으로 잘게 자르면서 안 맞는 부분이 있었고, 효능 주치의 최소 단위는 기본방이었어요. 육군자탕을 이해하려면 육군자탕을 구성하는 기본방인 사군자탕과 이진탕을 이해해야 되는 거죠. 여기까지 오니 이제 제가 해야 될 게 보였어요. 똑똑한 사람은 딱 보면 기본방이 보일 수 있지만 사람의 한계가 있어서 매번 볼 수도 없는 법이고, 기계가 대신해주면 되겠다 싶더라고요. 이렇게 인삼 프로그램을 개발하게 됐어요.

인삼 프로그램은 여러 기능이 있는데 제일 핵심으로 한건 처방을 넣으면 기본 방으로 쪼개서 보여주는 기능이에요. 처방을 구성하고 있는 기본방들을 어느 정도 범위 안에서 다 보여줘요. 인삼 프로그램을 돌려서 제시된 사군자탕, 이진탕을 이해하면 육군자탕이 이해되는 거죠. 굳이 이걸 본초 단위로 쪼개서 이 안에서 인삼의 역할은 고민 안 하게 되고, 이 처방이 어떤 기본 방에서 발생한 건지 보면서 자연스럽게 의사학에도 관심을 가지게 됐어요. 의사학이 이 처방의 기원은 거슬러 올라가면 어디서 왔다 이런 거잖아요. 의서에 재미가 붙으면서 체득도 되고 응용도 되고 했죠. 이렇게 본과 2~4학년을 보냈어요. 본과 2학년 때 구상한 것을 4학년 때 졸업 작품으로 만들어 완성한 게 가장 보람된 일이었고, 지금의 저를 만든 첫 번째 프로젝트였던 것 같습니다.

이 외에도 놀라리스 활동도 기억에 남네요. 경희대에서 새내기들이 봄에서 가을까지 팀별 군무를 하는 프로젝트예요. 서울대에서 공연 동아리를 못했던 게 좀 후회가 됐어서 경희대에서는 공연을 해보고 싶었는데, 동아리는 제가 나이가 많아서 다른 친구들이 좀 불편해하는 것도 느끼고 저도 바쁘고 해서 놀라리스를 하게 됐어요. 예과 1학년 때 한번 하고 해체되는 거라 부담도 덜 했고요. 제가 한 해에 한의과대학이 경희대 전체에서 1등을 해서 축제 때도 앙코르 공연하고 했던 게 기억이 나요. 제가 최고령이었습니다.(웃음)

Q. 대표님의 여러 이력이 현재 회사를 운영하는 데에 어떤 영향을 주나요?
A. 공학도로서의 경험과 한의사로서의 경험, 이게 둘 중 하나라도 없었으면 회사를 설립하고 여기까지 오지 못했을 거예요. 특히 한의사만 했다면 평범한 한의사가 됐을 가능성이 있겠죠. 제가 공학을 하고 한의대에 왔기 때문에 세상이 얼마나 넓은지 조금이라도 알고 왔었고, 그래서 좁은 걸 벗어나 더 큰 일을 하고 싶다, 더 큰 임팩트를 주고 싶다는 생각이 항상 있었어요. 그런 생각으로 인턴, 레지던트, 펠로우를 했고 병원

장까지 했던 거고요. 제 여러 경험들이 여기까지 오게 한 원동력이자 핵심이라고 생각합니다.

Q. 대표님이 이런 다양한 이력을 가져오신 과정이 궁금합니다!
A. 대부분의 학생들과 제 후배들은 아직 저를 연구자로 기억해요. 학생들과 후배들에게 강의하고, 논문 열심히 써내고, 납땜해서 의료기기 만들어내고, 임상연구 디자인해서 돌리고, 데이터 마이닝 논문도 쓰고, 그런 사람으로 기억하더라고요. 제가 펠로우를 마치고 동신한방병원으로 넘어갈 내가 병원장으로서 잘할 수 있을까, 나한테 안 맞는 옷을 입는 건 아닐까 고민이 많았어요. 하지만 제 평생 언제 남의 돈으로 이렇게 큰 병원을 경영해볼까 하는 생각이 들어서 결정했어요. 막상 해보니 연구실 경영과 같더라고요. 경희대 안에서 작은 연구실을 경영하는 것과 100병상 병원을 운영하는 게 같았어요. 물론 일은 더 많이 생기고 신경 써야 될 것도 훨씬 많았죠. 하지만 사람들을 데리고 어떤 일을 해 나간다는 경영의 본질은 다를 바가 없다는 걸 많이 느꼈어요. 결국 핵심은 사람이고, 사람을 어떻게 설득시켜야 되고 어떻게 신뢰와 믿음을 줘야 되는 게 중요한 점이라는 것을 병원을 경영하면서 깨달았습니다.

병원 생활은 스펙터클하고 여러 내부 문제들이 있었어요. 하지만 책임감도 있었고 재밌어서 했어요. 병원이 점점 정상화되면서 팀워크도 생기고 직원들 얼굴이 밝아지니까 환자는 자연히 늘어나더라고요. 프로그램이라고 말하기는 좀 부끄럽지만 자동화 시스템도 몇 가지 만들어서 직원들을 편하게 해주기도 했고요. 2년 반쯤 지나니까 직원도 1.5배 늘고 환자수는 2배 이상 꽤 늘고 베드도 다 차고 했어요. 그랬더니 이제 진료에 대한 부담이 생겼지요. 진료도 보람 있고 좋은 일이지만 이럴 거면 제가 여기에 있을 이유는 없다는 생각이 들었어요. 저보다 임상 잘하는 한의사들은 많으니까요. 그래서 고민이 되던 찰나에 두 번째 오퍼가 들어왔죠. 병원을 살렸으니까 이번에는 한의플래닛을 살려봐라 해서 큰 고민 없이 옮겼어요. 앞서 말한 이유도 있었고, IT 스타트업 회사로 가면 제가 진짜 하고 싶었던 한의학과 IT의 결합을 할 수 있겠다는 생각, 그리고 더 나이 들면 못할 수도 있겠다는 생각이었죠.

Q. 한의플래닛에 가서는 어떤 일들을 하셨나요?
A. 당시 한의플래닛이 정말 안 좋은 상황이던 4월에 가서 6~7개월간 정말 열심히 했어요. 동신한방병원에서처럼 여기에서도 일단 상황 진단 후에 구조조정으로 시작했어요. 한의플래닛에서는 직원중의 70~80%를 구조조정한거 같아요. 심각하게 타성에 젖어 있었고, 기업문화가 너무 왜곡되어 있어서 재조직하고 갈만한 분위기가 아니라고 판단했죠. 그래서 팀을 리셋하고 리빌딩을 했어요. 많은 분들께서 도와주셔서 실적도 많이 좋아지고, 마침 당시에 비대면이 확장되는 상황도 겹쳐서 회사가 단기간에 굉장히 많이 컸어요. 수익이 나지 않던 회사가 처음으로 수익이 늘어나고 회원수도 많아지고 점점 활발해지면서 멤버들 분위기도 좋아졌죠. 크게 성공경험을 한 후에, 새롭게 구성된 팀원들과 이야기를 했죠. "내일부터 한의플래닛 4.0 버전을 향해서 시작합니다. 내일 멤버들 모두 저랑 1:1 면담하면서 얘기해봅시다" 하고 다음날 아침에 회사에 왔어요. 근데 신문기사에 뭐가 떠 있는 거예요. 모기업에 금융사고가 터졌어요.

저도 모르던 상황이었어서 일단 면담을 모두 미루고 여기저기 전화했더니 진짜더라고요. 상황이 심상치가 않았어요. 한의플래닛은 행정적으로 법인으로 분리되어 있었는데도 워낙 큰 사건이라 거래 정지 등이 들어오기 시작했어요. 냉정하게 생각해야만 했어요. 한의플래닛에 들어온 이후에 파악했더니, 재무구조가 복잡한 편이었어요. 제가 개인적인 네트워크를 동원해서 투자금을 유치한다고 막을 수 있는 규모가 아니었던 거죠. 한의플래닛 팀빌딩을 할 때 스카웃 했었던 제 친구인 CTO와 한참을 고민했어요. '소규모 팀의 퍼포먼스로 극복할 만한 상황이 아니다. 고객과의 약속을 지키면서 천천히 정리를 하자.'는 결론을 냈어요. 그리고 한의플래닛을 11월부터 1월까지 두 달에 걸쳐서 서서히 셧다운을 시켰죠. 두 달 동안 남은 이유는 국가시험 때문이었어요. 국시 때까지 국시 강의는 돌려야겠다는 생각 하나로 마지막까지 도와주던 동료들과 함께 마무리를 지었습니다.

그러면서 병원으로 돌아갈까, 학교로 갈까 고민을 많이 했어요. 그러다가 CTO와 얘기를 하면서 창업을 결심하게 됐어요. 마무리가 이렇게 됐지만 우리의 잘못이 아니라 운이 없었던 것이고, 여기까지 오는 과정 동안 굉장히 재미있었고, 이미 만들어진 팀이었거든요. 분야에 대한 건 제가 제일 잘 알고, 기술은 훌륭한 CTO가 든든히 받쳐주고 있었고요. 또한 투자가 활발한 시점이었기 때문에 저랑 CTO의 이력만으로도 투자유치도 자신 있었죠. 마지막으로 가족에게 허락을 받고 나서 주식회사 7일을 설립하게 되었어요.

'주식회사 7일'

Q. 회사 이름은 왜 주식회사 7일로 지으셨나요?
A. 주 7일 근로냐고 무서운 회사라고 생각하실 수 있는데 절대 그렇지 않습니다. 저랑 CTO, 그리고 개발자 한명, 이렇게 셋이서 공동 창업을 한 건데 다들 너드들이라 회사 이름을 재밌게 짓고 싶었어요. 그리고 향후에 다양한 서비스를 낼 건데, 무슨무슨 아카데미 하면 다른 서비스를 못 해요. 그래서 회사 법인 이름은 모호하게 짓고 나머지는 구체적으로 짓자고 했죠. 배달의 민족 운영사는 우아한 형제들인 것처럼요. 그래서 모호한 이름으로 주식회사 앞에 붙는 ㈜를 이용해서 언어유희를 해보자 하다가 '주 7일'이 딱 나온 거예요. 이거다! 해서 결정됐어요. 처음에는 장난스럽게 느껴질까 봐 걱정됐는데, 사람들 인식에도 딱딱 박히고 생

각보다 좋았어요. 그리고 그 다음의 구체적인 서비스들은 고민해서 지었습니다.

Q. 주식회사 7일을 운영하시면서 요즘 잘되고 있는 점들이 궁금합니다!
A. 우리 회사는 확실히 코로나 상황의 수혜기업이 맞는 것 같아요. 비대면이라서요. 물론 일부러 아이템을 그렇게 잡은 것도 있고요. 스타트업에 대한 제 신념 중 하나가 파이를 쪼개 먹지 말자는 거예요. 기존의 파이를 키우거나 없는 곳에서 새로운 파이를 만드는 게 스타트업이지, 투자받은 자본력으로 생태계를 교란시키고 타 기업을 고사시키면서 기존의 파이를 내쪽으로 가져오는 건 스타트업이 할 일이 아니라고 생각해요. 그래서 많은 사업들 중에서 새로운 가치를 창출할 수 있는 분야가 뭘지 고민했고, 한의플래닛 당시 그렇게 나온 아이디어가 비대면 온라인 학술대회였어요.

비대면 온라인 학술대회는 말 그대로 새로운 파이의 창출이었어요. 듣는 사람, 학회, 중간에서 운영하는 우리 같은 회사 세 플레이어 모두 이득이고 손해 보는 사람이 없죠. 예전에는 학회에서 학술대회 한 번 하려면 많아도 소규모 분과학회의 경우는 40~50명을 넘기기 어렵고, 규모 있는 비싼 곳의 대관료는 수천만 원이 나갔어요. 그런데 비대면 플랫폼을 통하면서 매몰 비용 한 푼 없이 엄청난 수익을 학회가 가져가게 됐어요. 듣는 사람도 당연히 편하고, 저희 회사는 이 가치를 연결해주면서 수수료를 받고요. 굉장히 의미 있는 가치 창출이었고 평소에 제가 하려던 한의학 전통 지식 서비스의 처음으로 아주 적합하다고 생각돼서 주식회사 7일을 창업하자마자 하베스트를 만들었어요. 공동 창업자 3명에서 매일같이 나와서 일을 해서 3개월 만에 하베스트를 바깥에 내보일 수 있었죠.

또 개인적으로 보람 있었던 일은 한방송과 닥터한과 협약을 통해 플랫폼을 하베스트로 단일화한거에요. 두 플랫폼 대표분들을 만나서 설명을 하면서 플랫폼이 나눠져 있는 건 전혀 효율적이지 못하다, 합쳐야 의미가 있고 그러면서 시너지가 발생한다고 설득했죠. 대표분들이 자체 시스템을 접고 하베스트로 콘텐츠를 이관하는 과정에서 발생하는 것들에 대해서는 어떤 식으로 보상을 해줄 거고, 수익 구조를 어떻게 만들 것인지 등도 함께 설명드렸죠. 결국 두 회사가 큰 결정을 했고, 지금 두 회사 다 따로따로 있었을 때보다 수익이 더 올라갔어요. 저희 입장에서도 따로였으면 경쟁이고 시너지를 낼 수 없었을 텐데, 합쳐진 덕분에 브랜드 가치도 좋아졌고 세 회사가 각자 잘하는 걸 하면서 콘텐츠도 늘어났고요. 두 분께 굉장히 감사를 많이 드리고 보람된 결정이었어요.

Q. 앞으로 주식회사 7일이 어떤 방향으로 나아가나요?
A. 저희 회사는 총 5개 스텝을 가지고 있어요. 하베스트가 첫 번째였고, 두 번째는 글로벌 서비스예요. 사실 처음 하베스트를 만들 때 이걸 염두에 두고 만들었어요. 한국에서 한의사 2만 명 대상으로 할 수 있는 건 너무 적잖아요. 그래서 글로벌 서비스를 만들고 한국의 우수한 콘텐츠를 해외로 수출하는 기업이 되겠다, 한 단계 나아가서 전 세계 전통 의학자들이 각자의 콘텐츠를 공유하는 플랫폼을 만들고자 해요. 지금 개발은 다 끝났고 제도적인 것들을 준비하고 있어요. 조만간 신문 등을 통해 소식을 접할 수 있지 않을까 싶어요. 그 후 단계들의 지향점은 한의학 지식 콘텐츠의 확산이에요. 2단계까지는 비디오 형태인데, 그다음 단계는 빅데이터-한의 전통 지식을 전문가들이 편하고 효율적으로 접근할 수 있는 방법의 형태가 될 거예요. 그리고 결국에는 오픈 퍼블릭 서비스로 가야 회사가 크게 성장할 수 있기 때문에, 최종 목표는 환자에게 직접 다가가는 서비스를 구축하는 목표를 가지고 있습니다.

Q. 한의계에서 플랫폼은 어떤 역할을 하면 좋을까요?
A. 한의계로 제한할 필요는 없고, 플랫폼이 무엇을 하는 곳인지 알면 돼요. 플랫폼은 '판'이잖아요. 그 위에서 플랫폼이 주인공이 돼서는 안 돼요. 저는 플랫폼의 가치가 거기에 있다고 생각해요. 존재하지 않았던 곳에 판을 깔고 사람들이 와서 새로운 가치를 창출하면서 놀 수 있게 만들고, 욕심이 나더라도 내가 플레이어 역할은 안 하는 것. 할 수밖에 없는 경우가 생기더라도 최소화하는 것. 이런 형태의 플랫폼이 진짜라고 생각해요. 핵심 플레이어들이 역할을 잘할 수 있도록 불편한 점은 개선해주는 기술력을 가진 플랫폼이 되는 것이 목표예요.

Q. 스타트업에 관심 있는 한의대생들에게 하고 싶은 말씀이 있으신가요?
A. 일단 웰컴 투 주 7일입니다(웃음). 창업에 대해 먼저 말해보자면 요즘 투자시장에 돈이 너무 많이 몰리면서 창업을 지나치게 권하는 경향이 있어요. 그래서 창업이 자신의 구체적인 목표를 달성하기 위한 수단이 아니라, 그 자체로 목표가 되는 케이스가 너무 많아요. 남 밑에서 일하기 싫거나, 좀 튀고 싶거나, (한의대생은 해당이 안 되겠지만) 취직이 안 되거나, 심지어 대기업을 가기 위한 스펙으로 창업을 하는 경우도 꽤 있어요. 근데 본인에게는 창업이지만 다른 직원들에게는 직장이 만들어지는 거거든요. 다른 사람의 생활을 책임지게 된 상황에서 단순히 나의 이득을 위해 만들고 해체하고 이건 아니라고 생각해요. 창업을 할 때에는 무조건 실패하면 안 된다는 생각과 책임감으로 진지하게 임해야 합니다.

스타트업에서의 근무를 원하는 거라면 좀 다른 문제죠. 단순히 스타트업 문화를 체험하기 위해 취직하고, 몇 년 해보고 나와서 임상하겠다는 생각이라면 반대입니다. '큰 비전을 가지고 더 재밌는 일을 하는 회사에 들어가서, 그 일원으로서 한번 빡세게 일해보고 싶다'일 경우에 권장해요. 하지만 아마 많은 유혹을 이겨내야 될 거예요. 당장 동기들이 부원장 하면서 받는 월급만큼 줄 수 있는 스타트업은 많지 않거든요. 그리고 사실 학교공부만 성실히 하고 이제 막 졸업한 한의사가 할 수 있는 게 뭐가 있을까요? 한의계 바깥에서 보면 적합한 전공도 아니고, 사회경험도 없는 일반 노동력과 같아요. 그래서 본인을 필요로 하는 곳을 잘 골라서 가야 해요. 다른 재주가 있다면 그걸 살리면 좋고요. 세계적으로 창업을 권하고 있어서 여러분도 스타트업과 관련된 기회가 있을 수 있어요. 그럴 때마다 길게 생각해보고 판단하시는 걸 추천해요. 궁금한 게 있으면 저한테 언제든 컨택하세요!

대신 만나드립니다 공식 질문

Q. 인생 그래프를 그린다면? Up(가장 뿌듯) &Down(포기하고 싶었던 순간. 극복 방법)
A. 저는 업 앤 다운이 없습니다. 기분의 업다운은 있어도 인생의 업다운은 없다고 봐요. 계속 우상향으로 가는 인생을 꾸리고 싶다는 생각이고요. 모든 순간이 저에게는 각각의 문제로 다가와요. DOWN이 될만한 상황에서도 이걸 문제로 인식하고 어떻게 풀까 고민하지, 문제의 난이도에 치여서 좌절하지는 않거든요. 한의플래닛이 무너졌을 때도 당일에는 힘들었지만 그건 잠깐이고, 이 문제를 어떻게 풀지 생각했어요. 내 스타일대로 재미있게, 또 좋은 결과를 만들어내면, 그 어려운 문제를 푸는 과정도 행복해지는 거죠. UP도 마찬가지예요. 평균으로의 회귀 법칙에 의해서 언젠가는 또 내려와요. 그러면 그 다음을 대비해야 되니, UP될 수 있는 상황도 역시 풀어야 될 문제라고 생각하면서 지금껏 해왔습니다.

Q. 문제를 해결하는 과정에서 동반되는 스트레스는 덜한 편이신가요?
A. 비교적 덜한 것 같아요. 안 받는 건 아닌데, 너무 힘들어하는 기억은 없어요. 애초에 stress proof(내력)가 좀 있는 것 같기도 해요. 항상 주변

의 좋은 분들로부터 도움도 많이 받고 운도 많이 따라줘서, 사실 지금까지 한 번도 실패한 적이 없다고 생각해요. 선택을 할 때 가장 중요한 신조가 후회하지 않을 선택을 하자예요. 제가 해온 모든 판단이 항상 옳았다고 말할 수는 없겠지만, 다시 돌아가도 같은 결정을 했을 것이라고 생각합니다. 과거의 가치는 후회하는데 있지 않고, 돌이켜 배우는데 있는 거라 생각해요.

Q. 어떤 분들에게 한의사라는 직업을 추천하시나요?
A. 어려운 질문이네요. 직업으로서의 한의사는 일단 공부는 당연히 열심히 해야 되고, 사람 만나는 걸 좋아해야 돼요. 사람 대하는 것을 불편해하거나 부담을 가지면 안 되고 남의 말을 귀 기울여 들을 수 있어야 해요. 공감할 수 있다면 더 좋죠. 그리고 성실해야 해요. 이런 부분이 한의사가 가져야 될 주된 덕목 중 하나인 것 같습니다.

Q. 앞으로 대표님께서 하시는 일이 세상을 어떻게 바꿀까요?
A. 스타트업 대표들 인터뷰를 보면 'Make the better world'라는 말이 자주 나오는데 이건 너무 모호하구요, 제 입장에서의 make the better world는, 전통의학을 하는 사람들과 받는 환자들의 행동 패턴을 좀 바꾸고 싶어요. 너무 옛날 방식을 고수하고 있는 게 지금 문제 중 하나라고 생각하거든요. 아까 얘기대로 고전에 있는 전통지식을 습득하고 활용하는 데에 IT를 접목하는 게 예시가 되겠죠. 기존에는 본인의 기억과 교과서에 의존했다면, 미래에는 IT 서비스를 통해 그때그때 환자를 보면서 훨씬 많은 자료를 빠르게 검색할 수 있을 거예요. 이로써 보다 나은 진료를 할 수 있고요. 학술적으로 고립되어 있는 각국의 전통의학을 합치는 것도 그런 의미에서 볼 수 있을 것 같아요. 이렇게 나아가서 환자들에게 더 좋은 전통의학과 의료를 공급하는데 도움이 되지 않을까 생각해요. 우리 회사가 하고 싶은 목표이죠. 이러한 과정을 거치며 세상이 바뀌길 기대하고 있습니다.

인터뷰 후 대만드 팀원들과 편한 대화의 시간을 이어갔습니다. 팀원들의 어떤 질문에도 명쾌한 대답을 주신 대표님의 통찰력에 많은 배움을 얻을 수 있었습니다. 한의계의 새로운 가치를 만들어가고 계신 대표님의 앞날을 대만드가 항상 응원드립니다!

Interviewer. 코카 외 7인
Writer &Editor. 코카

식품영양학을 공부하는 한의사, 조민석 한의사 (2-3)

한의사, 식품영양학 그리고 다이어트에 대해 말하다

'저는 퇴사하고 한의사합니다' 프로젝트 인터뷰가 돌아왔습니다! 영어 교육과에서 한의학 또 식품영양학과까지! 늘 도전하시는 한의사 조민석 원장님입니다. 대진, 학회활동, 한의사, 다이어트, 식품영양학의 세계로 여러분들을 초대합니다.

조민석 원장님 약력
- 서울대학교 식품영양학과 졸업 (영양사 취득)
- 동신대학교 한의학과 졸업
- 경희대학교 한의학대학원
  소화기학(비계내과학) 전공 중
- (전) 대한통합방제한의학회 학생부 회장
- (전) 대한통합방제한의학회 정보통신이사

Q. 안녕하세요. 간단하게 자기소개 부탁드립니다.
A. 안녕하세요. 한의사이자, 영양사이자, 경희대학교에서 비계내과학 석사과정 중인 학생이자, 고등학생 멘토링 활동을 하고 있는 한의사 조민석입니다.

Q. 요즘 원장님의 일과, 일주일 일정이 어떻게 되시나요?
A. 저는 현재 두 군데 한의원에서 대진원장으로 활동하고 있습니다. 토/일/월 3일은 대진 원장으로서 진료를 보고 있고, 주중에는 경희대학교 대학원에 다니고 또한 틈틈이 고등학생들 멘토링 활동도 하고 있습니다. 또 매주 수요일에는 학회 원장님들의 진료를 참관하며 한약 공부를 하고 있습니다.

Q. 대진 원장으로 활동하고 있다고 하셨는데, 대진의 장점이 무엇이라고 생각하시나요?
A. 여러가지 장점이 있겠지만, 하나의 한의원에 소속되어 있지 않고 여러 곳에서 근무하기 때문에 다양한 원장님의 진료스타일, 병원 분위기를 참고 가능하다는 점을 들 수 있겠습니다. 예를 들면 한의원마다 쓰는 전침 기계가 다르고, 병원의 배치, 심지어 물리치료 및 부항치료의 순서 또한 다르기 때문에 다양하게 보고 저에게 맞는 최적의 방식을 찾아갈 수 있습니다. 또한 시간을 유연하게 활용할 수 있다는 것도 장점인데 저는 주말에 몰아서 진료를 하고, 주중에는 제가 하고 싶었던 공부나 취미 활동을 할 수 있다는 점이 매우 큰 장점인 것 같습니다.

한의대에 가기까지!

Q. 영어교육과에서 한의대 그리고 졸업 후 식품영양학과까지 다양한 학문을 전공하셨는데, 첫 전공인 영어교육과를 선택한 계기가 무엇인가요?
A. 저는 본래 의료계열에 진학하고자 하였지만, 당시 수능시험의 장벽을 넘지 못해 한의학과에 진학하지 못하였습니다. 그래서 제가 잘 했던 영어와 관련된 학과인 영어교육과로 우선 진학을 결심하였습니다. 영어는 여기저기 쓰일 일이 많기에 사실 전문적으로 배우고 싶은 마음도 있었습니다. 이후 군대 제대 후에 다시 도전해보겠다는 마음이 생겨 한의

과대학에 다시 가야하겠다고 결심하고 재수를 하였고, 결과적으로 한의학과에 진학할 수 있었습니다.

Q. 영어교육과 재학 중 전공을 바꾸겠다는 결심을 한 계기는 무엇이고, 또 많은 직업 중에서 한의사를 선택한 이유가 무엇인지 궁금합니다!
A. 다른 분야 일을 하다, 새로운 분야로 진입하면 이전 분야가 마음에 들지 않아서라고 생각하기 쉬운데 저를 비롯한 다른 사람들도, 더 좋아하는 분야를 찾아서 새로운 분야로 뛰어든 것이라 생각합니다. 영어과목 강사로서의 삶도 매우 즐거웠고, 심지어 아직까지 연락이 오는 제자들도 많이 있습니다. 영어 강사를 하며 남는 시간을 이용해 다시 한의학과를 준비하여 입학하게 되었고 다시 한의학과에 진학하게 된 것은 아무래도 처음 가졌던 꿈을 계속 이어 나가고 싶었던 마음이 커서라고 생각을 합니다. 많은 직업 중 한의사가 매력적이라고 생각을 했던 것은, 사실 의료 분야 중 한의학이 가장 마음에 들었기 때문이라고 말씀드릴 수 있습니다. 한의학은 진료 특성상 환자와 대화할 수 있는 여건이 가장 잘 갖추어져 있다고 생각하였습니다. 진단기기 사용이 제약된 현 상황 및 한의학적 진료의 특성으로 인해 문진을 통해 환자를 자세히 알아가는 게 무엇보다 중요하기 때문에 환자와의 친밀도가 가장 높다고 느꼈고, 한의사라는 직업이 저에게 더욱 매력적으로 다가왔습니다.

한의대 시절

Q. 한의대에서 원장님은 어떤 학생이셨나요? 그리고 학생 시절에 기억에 남는 에피소드가 있으셨는지 궁금합니다.
A. 저는 이십 대 중후반에 한의학과에 진학했기에, 현역 입학을 했던 학생들처럼 온전히 캠퍼스라이프를 즐기기에는 힘든 여건이었습니다. 아무래도 나이가 있다 보니 학비를 스스로 벌면서 다녀야 해서 학업과 과

외를 병행하느라 정말 정신없이 학창시절이 지나간 것 같습니다. 그렇지만 학과 공부에도 소홀하지는 않아, 예과를 수석으로 수료할 수 있었고, 학교 대표로 자생글로벌장학금 면접을 볼 기회를 얻었습니다. 그 당시 다른 학교 학생들도 많이 만났는데, 마치 한의대 대항전 같은 느낌이 들었고, 면접이나 한의학적 지식으로 승부를 겨루는 것 같아 재미있었던 추억으로 남아 있습니다.

Q. 학부 시절부터 학회에서 활동하셨는데, 학부시절 학회 활동의 장점이 무엇인지, 어떤 기준으로 학회에 참가하면 좋을지 고견 부탁드립니다.
A. 많은 분들이 졸업 후가 막연하고 좀 무섭게도 느껴지리라 생각합니다. 주변에 의료인이 있다면 간접적으로라도 물어볼 수 있겠지만 저는 주변 및 친척 중에 의료인이 한 분도 없었습니다. 또한 저는 늦은 나이에 입학했고, 어떻게 보면 졸업 후 사회에서 바로 일해야 할 수도 있다는 생각에 두려움이 컸습니다. 그런데 학회 생활을 하며 한의사분들과 자연스럽게 친분을 쌓고 이야기를 나누며 졸업 후에 대한 부담감을 조금 덜 수 있었습니다. 그리고 학생 때는 좋든 싫든 동기나 선배들과 연락이 많이 되지만, 졸업 후에 연락이 안 되면 내가 동떨어진 섬처럼 될 거라는 두려움도 있었습니다. 그런데 학회에 소속된 뒤로는 한의학계 이슈나 환자에 대한 정보 같은 것들을 많이 들으면서 졸업 후에도 한의학계와의 흐름을 유지해 나갈 수 있었습니다. 그래서 저는 제가 속해 있는 통합방제한의학회뿐 아니라 어디든, 내가 마음이 편하고 지식적으로 배울 게 많고 사람들과 성향이 맞다 싶은 곳이 있다면 하나쯤은 학생 때부터 발을 걸쳐 놓는 것을 추천합니다.

한의사, 식품영양학을 공부하다!

Q. 한의대 졸업 후에 다시 서울대 식품영양학과에서 공부하셨는데, 어떤 계기로 식품영양학을 전공하겠다고 결심하셨는지 궁금합니다.

A. 먹는 것도 건강에 크게 관련되기 때문에, 식품 혹은 영양학에 관심 있으신 한의사들도 당연히 많을 것이라 생각합니다. 그런데 관심에서 그치는 것이 아니라 전문적으로 전공을 하면 더욱 좋다고 생각했습니다. 환자와 이야기할 때 음식과 운동에 관해 티칭을 해줘야 하는 경우가 많기 때문에, 조금 더 전문적으로 공부하면 환자들에게 더욱 전문적이고 알찬 지식을 제공할 수 있을 것이라 생각합니다. 뿐만 아니라 한의학에는 치미병(治未病)이라고 해서 병에 걸리기 전 상태도 굉장히 관심 있게 보고 그 상태에서도 치료를 많이 하잖아요? 현대적인 용어로는 아(亞)건강 상태라고 하는, 병 직전의 상태에 많이 주목하고 있는 것입니다. 사실 영양학적으로도 영양이 부족한 상태가 누적되면 결국 질병으로 이어질 수 있기 때문에 아건강(亞健康) 상태나 미병(未病) 상태는 예방의학적 관점에서 굉장히 중요한 지점이라고 할 수 있습니다. 그래서 영양학을 공부하면 그러한 상태가 병으로 이어지지 않도록 영양상담을 통해 환자의 현재 영양상태를 파악하고 한의 진료 사이사이에 적절히 개입시켜 보강할 수 있습니다. 한의학 진료에 영양학이 날실과 씨실처럼 서로 교차 보완하여 도움이 될 수 있다고 생각합니다.

Q. 식품영양학과 전공 이력 혹은 영양사로서 활동 경험이 현재 한의사로서 활동하는 데 어떠한 영향을 미쳤는지 더 설명해주시면 감사하겠습니다.

A. 저는 평소 진료할 때도 영양학적인 티칭이나 영양학 기반의 설명이 자연스럽게 나오는 것 같습니다. 환자 한 분을 예로 들면, 20대 후반의 남성 한 분이 오른쪽 어깨 근육이 단축된 것처럼 솟아올라 있어서 3개월째 꾸준히 일요일마다 오셔서 체형 교정을 하고 계십니다. 그 분은 추

나 치료로 교정도 하지만 체중도 같이 감량하니까 교정 효과가 더 좋고 체형이 눈에 띄게 좋아지고 있습니다. 치료를 일주일에 한 번만 받으시는데도 불구하고 체중과 같이 조절해서 그런지 체형이 바르게 많이 돌아왔습니다. 환자분이 틀어진 체형으로 8년을 고생하셨는데 어느정도 교정되어 만족도도 굉장히 높고 옷 태도 정말 좋아지셨습니다. 처음에 사진 찍었을 때는 일부러 어깨를 치켜 올리신 게 아닌가, 할 정도로 체형이 크게 기울어 있었습니다. 환자분의 키가 172cm에 체중이 74kg였어서 67kg 정도의 표준 체중까지 빼 가며 체형을 지켜보려고 했는데, 지금 체형이 잘 돌아오고 계시고, 몸무게도 70kg로 줄어서, 더 건강해지면서 체형까지 돌아오고 있어서 환자 만족도가 굉장히 높습니다.

그 뿐만 아니라 눈 밑 떨림 같은 내과 질환 환자분들이 오셨을 때도 영양학적 지식이 많은 도움이 됩니다. 물론 한의학적 진단도 할 수 있겠지만, 그런 분들은 영양학적인 문제를 갖고 계신 경우가 많아서 같이 얘기하며 영양학적인 부분을 물어볼 수 있습니다. 눈 밑 떨림 같은 경우도 단순히 마그네슘 부족이라고 생각할 수 있지만 마그네슘 보충제를 먹는다고 해서 그 눈 밑 떨림이 해결되지 않는 경우가 많습니다. 그럴 경우 잘 조사해 보면 편협한 식단으로 드시는 경우가 많습니다. 그렇게 하다 보니 전체적으로 체내 무기질이나 비타민이 부족해서 눈 밑 떨림이나 컨디션 저하로 나타날 수 있습니다. 이때 식단 교정을 하면 불과 1~2주만 지나도 컨디션이 개선되고 눈 밑 떨림이 완전히 사라지는 등의 드라마틱한 효과가 나타나기도 합니다. 물론 한의학적으로 눈 관련 치료도 같이 하겠지만, 제가 영양학을 전공했기 때문에 이러한 치료법을 자연스럽게 결합하여 활용하고 있습니다. '이 환자는 영양학으로 치료 해야 지, 이 환자는 한의학으로 치료 해야 지!' 등 이분법적으로 나눠서 치료하는 것은 아니고 노인 환자가 오시면 밥은 잘 드시고 계시는지 자연스레 묻는 것처럼 두 가지를 결합해서 진료하고 있습니다.

Q. 영양학 공부를 결심하셨을 때 석사 대신 학사 편입을 선택하셨는데, 그 이유는 무엇인가요?

A. 아무래도 나이가 있다 보니 시간을 단축하고 싶었습니다. 물론 한의사가 된 이후에는 어떻게 살든 시간상으로 자유롭긴 하지만, 그래도 단기간에 할 수 있으면 더 좋으니까, 또 한의사로 활동하며 공부해야 하니 학사 학위를 따기 위해 4년동안 학교에 다니면 굉장히 부담스러울 수도 있다고 생각했습니다. 반드시 학사 편입을 해야 지하고 생각하기보다는 저에게 잘 맞는 루트가 있어서 이용하였습니다.

또한 석사학위의 경우에는 한의학 석사를 하거나 서울대학교에서 식품영양학 석사를 하는 두 가지 루트를 고려했습니다. 아무리 시간상으로 자유롭다 하더라도 한의사 활동을 하며 다른 것을 병행하는 게 심적으로 부담이 크다고 느껴졌습니다. 또 석사는 함께 공부하는 다른 연구원들도 있어서 제가 자유롭게 사는 게 다른 연구원들에게는 피해가 될 수도 있다고 생각이 들었습니다. 심적으로 부담이 적고, 하고 싶은 공부를 할 수 있는 곳으로 가는 게 낫다고 생각해서 학사편입을 하였습니다.

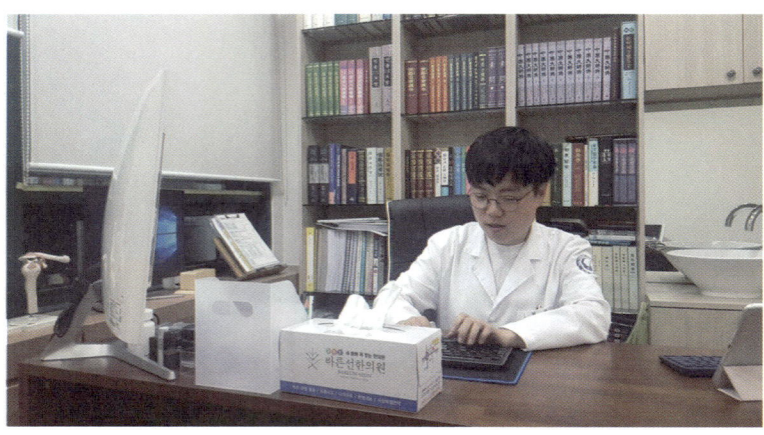

진료실에서의 원장님 모습입니다!

Q. 한의사가 추천하는 다이어트 방법이 있다면 무엇일까요?
A. 다이어트 방법은 매우 다양하지만, 한의사 입장으로서는 일반적으로 한약 다이어트를 추천합니다. 하지만 비만은 많이 먹어서 체중이 증가하는 것 이외에도 정신적으로 스트레스를 많이 받을 경우, 같은 것을 먹어도 더 살이 찔 수 있고, 유전적인 문제나 가족력의 영향도 있을 수 있는 굉장히 복잡한 질환입니다. 그래서 환자가 왜 과체중이나 비만에 놓이게 되었는지 문진을 통해 그 원인을 자세히 파악하는 게 중요합니다. 원인에 따라 한약이 필요하다면 한약을 강하게 권유할 수도 있고, 운동 부족 같은 생활 습관이 원인이라면 그걸 수정하는 쪽으로 나아갈 수도 있습니다. 또 특정 음식을 좋아하는데 하필 그게 칼로리가 굉장히 높아서 체중 증가를 일으켰다면 그 음식의 섭취를 줄이는 방향으로 진행할 수도 있습니다. 이러한 다양한 원인을 파악해서 환자에게 체중증가를 유발한 주된 원인을 교정하는 게 가장 먼저 해야 할 일 같습니다. 다이어트 한약을 통해 식욕을 조절하고 또 발열 효과를 통해 기초 대사량을 증가시키는 방향도 기대해볼 수 있겠지만, 환자의 원인에 맞춰서 진행하는 게 가장 올바른 다이어트 방향이라고 생각합니다.

Q. 한약 다이어트의 장단점은 무엇인가요?
A. 양방에서는 비만 환자가 왔을 때의 환자의 상태 별 프로토콜이 정해져 있습니다. 먼저 BMI나 허리둘레를 측정하고 혈액학적으로 문제가 있는지 검사합니다. 다음으로 칼로리 제한식단과 운동을 통해 체중 감량을 시도해보고, 개선되지 않으면 다이어트 약을 처방하고 필요에 따라서는 위 관련 절제 수술까지도 염두에 둡니다.
제 생각에 한방 다이어트는 식습관 개선, 운동과 한약 복용을 두루 아울러 병행하는 것이 특징인 것 같습니다. 양방에서는 단계를 나누어 접근하는데, 환자의 현재 상황과 약이 신체에 주는 부담을 고려했기 때문입니다. 하지만 한약의 경우 상대적으로 신체에 부담이 덜하기 때문에, 음식과 운동으로 해결이 안 되는 그 다음 단계에서 시도하는 것이 아니라 처음부터 생활습관 관리와 함께 결합해서 사용할 수 있는 위치라고 생각합니다. 그런 면에서 볼 때 음식과 약 사이 어느 지점에 있는 것이 한약의 포지션이자, 장점이라는 생각도 듭니다. 또 양약의 경우, 삭센다(Saxenda, 리라글루타이드성분)를 예로 들면 주사 형식이라 약을 투여하거나 시술하는 게 부담스러울 수 있지만, 한약의 경우 액체 파우치로 되어 있어 비침습적이고 과정이 훨씬 위생적입니다. 또 파우치가 작아 소지하기도 편해서 일상생활 중에 어디서나 간단히 복용할 수 있습니다.

단점이 있다면, 미각이 예민해서 한약 자체의 향이나 맛을 싫어하시는 분들이나 예전에 한약을 먹고 탈이 났던 분들은 부담을 느끼실 수 있습니다. 컨디션이 많이 떨어졌을 경우에는 한약을 먹고 원치 않은 부작용이 발생할 수도 있고요. 이렇게 어떤 분들에게는 시도조차 하기 힘든 애로사항이 있어서, 이 점이 한약 다이어트의 단점이 될 수도 있다고 생각합니다.

현재 그리고 미래

Q. 다음으로 원장님의 인생 그래프를 그린다면 가장 뿌듯했던 순간이랑 가장 포기하고 싶은 순간이 언제였을까요?

A. 가장 뿌듯했던 순간은 한의과대학에 입학했을 때입니다. 원래부터 꿈이 한의사였기 때문에 한의과대학에 입학하고 첫 한 달은 수업이 정말 가슴이 설렐 정도로 즐거웠습니다. 어려운 한의학 내용을 들으면 스트레스를 받는 게 아니라, "이게 바로 내가 듣고 싶었던 수업이야!"라며 붕 뜬 듯한 기분으로 한 달을 보냈습니다. 지금에서 생각해보면 왜 그랬는지 도무지 잘 모르겠지만 (웃음) 그때가 가장 즐거웠던 시절 같습니다. 또 서울대학교를 새롭게 갔을 때에도. 한의대를 막 졸업하고 두려움도 있었지만 새로운 삶이 앞으로 펼쳐진다는 생각에 설레기도 했습니

다. 새롭게 얻은 기회로 굉장히 재밌게 학부 생활을 하는 과정에서 외국인 친구도 많이 사귈 수 있었습니다. 어떻게 보면 30대 때 겪기 어려운 일인데, 프랑스, 터키, 미국 등 세계 각지의 유수대학 출신의 20대 젊은 학생들과 함께 어울릴 수 있었던 경험은 둘도 없는 행운이었다고 생각합니다. 그래서 그때가 제 인생 그래프로 생각했을 때 상승이었던 것 같습니다.

의외로 한의사 시험에 합격했을 때는 생각보다 그렇게 기쁘지 않았습니다. 앞으로 펼쳐질 일에 대한 무게감이 동시에 있었기 때문에 그때는 중간 정도의 느낌으로 기억합니다.

그리고 가장 힘들었을 때는 해가 뜨기 직전이 가장 어두운 것처럼 한의대 입학 직전이었던 것 같습니다. 생각도 많고, 공부해야 할 것도 많고 앞으로에 대한 불안감이 컸습니다. 하필이면 그때 집안에 경제적인 어려움이 생겨, 모든 게 맞물려서 굉장히 힘들었는데, 다행히 한의대 입학과 동시에 여러 가지 것들이 동시에 다 해결되어서 그때 저점을 찍은 뒤 지금은 계속 고점을 향해서 나아가고 있다는 생각이 듭니다.

Q. 다음으로, 한의사라는 직업을 가지는 장점이 무엇이라고 생각하시는지 궁금합니다.

A. 직업 내용보다, 직업의 포지션에서 한의사 직업의 강점은 면허라 생각합니다. 면허의 배타성으로 취업 문제로부터 비교적 자유로워진다는 점이 좋습니다. 본인이 한의사로서 한의학적 지식을 더 깊게 공부하고 싶으면 충분히 공부할 수 있고, 또 다른 직업이나 공부를 병행해서 하기에도 비교적 자유롭다고 생각합니다. 대한민국에서 직업으로부터 조금이라도 자유로워질 수 있다는 점은 정말 커다란 장점이라 생각합니다.

또 한의사는 기본적으로 환자와 대화를 많이 하게 되는데, 문진을 통해 환자를 파악하는 프로세스도 재미있고, 내가 관심을 쏟는 만큼 비례하여 환자와 거리가 다른 의학 분야보다 가까워질 수 있다는 것이 장점이라고 생각합니다.

Q. 어떤 분들에게 한의사라는 직업을 추천하시는지 궁금합니다.
A. 의료인이라면 기본적으로 남의 아픔에 대해서 공감 능력이 있어야 하는 것 같습니다. 측은지심이라고 하죠, 공감하는 마음이 많이 느껴지면 누가 시키지 않아도 저절로 이 사람을 고쳐주겠다는 마음이 생긴다고 생각합니다. 치료를 위한 지식과 술기는 의료인으로서 기본이고, 오히려 공감 같은 정신적인 부분이 아주 커다란 적성이라고 생각이 듭니다.

또 아무래도 의료 분야이다 보니 학문적으로는 생물이나 화학 분야에 관심이 있는 분들이 적성에 잘 맞을 것 같습니다. 또한 심리 상담 같은 분야에 대해서 관심이 있으면 환자분들의 이야기를 잘 듣고 이끌어 나갈 수 있기 때문에 한의사가 적성에 잘 맞을 것 같습니다.

Q. 앞으로 한의사가 될 한의대생들에게 혹시 하고 싶은 말씀이 있으실까요?
A. 선배이자 먼저 한의사가 된 사람으로서 학생시절을 돌이켜보면 저의 경우는 생각했던 많은 것들을 해서 미련이나 아쉬움이 거의 없는 것 같습니다. 그래서 제가 해보고 무조건 추천할 정도로 좋았던 것은 적극적으로 다양한 활동에 참여했던 것입니다. '공부하지 말고 놀아라.' 하는 식으로 조언해 주시는 분들도 있겠지만, 공부도 6년이라는 긴 시간이 있기 때문에 제대로 한번 열심히 해보고, 외부 활동도 한번 열심히 해보면 좋을 것 같습니다. 사실 학점이 유급 당할 정도만 아니면 아무도 손가락질하지 않기 때문에 다양한 것들을 다 적극적으로 해보는 것을 추천합니다.

그리고 무언가를 너무 못해서 욕을 먹어도 학생 시절은 지나가기 때문에, 학생 때는 정말 실수해도 괜찮은 시절이라는 생각이 듭니다. '이걸 해 봐야 지' 라고 생각만 많이 하기보다도 무엇이 되었든지 간에 적극적으로 하고, 이왕 한 거면 끝까지 한번 가보는 게 좋다고 생각합니다. 만약 실제로 해보니 생각보다 별로 좋지 않은 것 같다고 싶으면 졸업 이후에 안 하면 되니까, 관심이 가는 다양한 것들을 제대로 적극적으로 해보면 졸업 후에도 그런 경험들이 밑거름이 된다 생각합니다. 한의사로서 활동하는 데에도, 활동을 많이 한 경험이 지금 일을 하는데 있어서도 실질적으로 도움이 많이 되는 것 같기 때문에 소극적으로 생각만 하지 말고 조금이라도 무언가 생각이 있다면 적극적으로 다 해보기를 학생들에게 추천해드리고 싶습니다.

Q. 앞으로의 목표나 되고 싶은 한의사의 모습이 있다면 무엇일까요?
A. 저는 한의대 졸업 후에도 그랬지만, 앞으로도 어떤 고정적인 모습보다는 계속 변화하고 싶습니다. 그리고 또 개원한다면 한의사로서 한의학계에 기여를 할 수 있는 한의사가 되고 싶습니다. 개원 이후에도 한의원에서 보는 특수 케이스들을 혼자만의 자부심으로 남기는 것이 아니라 증례를 보고하는 식으로 학계에도 도움이 되고 싶습니다. 또 영양학을 전공했기 때문에, 한의학적인 부분과 영양학적인 부분을 함께 활용했을 때 치료 효과가 더 좋아지거나 달라지는 부분이 있는지도 살펴보고 싶습니다. 만약 치료 효과가 좋다면 이는 한의학과 영양학 두 분야에 모두 유용한 것이기 때문에 학계에 보고하고요. 치료에서도 최신 논문들을 보면서 환자분들에게 이 시점, 이 순간에 가장 좋은 의료 서비스를 제공할 수 있는, 발전하고 변화하는 한의사가 되는 게 제 목표입니다.

Q. 마지막으로 대만드가 만나봤으면 하는 분이 있으면 소개 부탁드립니다.
A. 두 분 정도가 떠오르는데요. 우선은 장성환 한의사님은 한의계 최전선에서 암 환자분들을 보시는 분입니다. 자료가 많지 않은 분야여서 오해와 편견을 이겨내야 하고 또 새롭게 데이터를 구축해 나가시는 어려움이 있지만, 그분이 쌓아 놓으신 경험과 지식들로 인해 후학들은 훨씬 수월하게 암에 대해 공부할 수 있을 것이기 때문에 장성환 한의사님을

만나보시면 좋을 것 같습니다.

 그리고 카이스트에서 공부하고 계시는 김현석 한의사님은 종종 페이스북을 통해 논문 올라오는 걸 보게 되었는데, 과학적인 관점에서 한의학을 바라보기 위해 끊임없이 노력하신다는 점에서 만나보시면 좋겠다는 생각이 듭니다.

원장님의 늘 노력하고 열정적으로 도전하시는 모습에 많은 자극을 받았던 인터뷰였습니다. 인터뷰를 들으면서 학부시절에 실패를 두려워하지 않고 다양하게 경험하고 도전해보겠다고 다시 한번 결심할 수 있었습니다. 인터뷰부터 원고 컨펌까지 적극적으로 도와 주신 원장님께 다시 한번 감사드립니다.

Interviewer. 꽃사슴, 갈매기
Writer & Editor. 꽃사슴

물리학도에서 한의사로,
황남주 한의사
(2-4)

과학적 사고에 입각한 한의학 처방 기준표를 만들다

'저는 퇴사하고 한의사합니다' 프로젝트의 다음 인터뷰! 대만드가 이번에는 서울대 물리학과를 졸업하고 한의사로 이직하신 황남주 원장님을 직접 뵈러 갔습니다. 물리학자의 날카로운 이성으로 한의학 처방의 기준표를 꾸준히 만들고 계신 원장님의 이야기, 지금 전해드립니다!

황남주 원장님 약력
- 서울대학교 물리학과 졸업
  동대학원 졸업
- 원광대학교 한의학과 졸업
- (전) 쌍용정보통신, 이비즈파트너, 지오텔, 시디네트웍스
- (현) 보보한의원 원장

Q. 안녕하세요. 간단한 자기소개 부탁드립니다.
A. 안녕하세요, 저는 보보한의원에서 진료하고 있는 한의사 황남주입니다.

Q. 요즘 원장님의 일과 또는 일주일 일정이 어떻게 되시나요?
A. 한의사들은 환자들 치료하다 보면 하루가 가는데요. 개원 후 아직 준비할 것들이 있어서 행정 업무를 하고 있어요. 진료 외에 여유가 생기면 주로 학회 일을 해요. 저는 '대한맥진학회', '대한뇌파진단학회', '대한통합방제한의학회'에서 함께 하고 있는데, 주로 방제학회에서 치험례를 써서 올리고, 다른 분들이 쓴 것을 읽어보기도 해요. 또 작년 7월부터는 메디스트림에도 같이 치험례를 올리고 있어요.

한의사, 그 전의 이야기

Q. 첫 번째 전공인 물리학과는 어떻게 선택하셨었나요?
A. 고등학교 때 물리가 제일 재미있었어요. 단순하면서도 명쾌하죠. 물리라는 이름의 뜻이 '사물의 이치'잖아요. 사물의 근본적인 이치를 파고들어, 눈에 보이지 않는 세계까지도 들여다보지요. 물리 법칙에 근거해서 다른 자연 과학들이 모두 작동하고 있고요. 사물의 근본적인 이치를 공부한다는 게 마음에 들었어요. 그리고 다행히 저한테 제일 쉬운 과목이기도 했어요. 그러다 보니 물리를 계속 공부하게 됐습니다.

Q. 많은 직업 중에서 한의사로 이직을 결심한 계기가 있으신가요?
A. 40살이 되었을 때 회사생활을 정리할 기회가 있었어요. 그때 보니 '100세 시대라고 하는데 나머지 60년은 어떻게 할까, 보람 있는 일이 뭘까'하는 고민을 했어요. 물론 회사 다니면서도 재미있는 일들이 있었어요. 직원들이 많아지면서 함께 하는 것도 보람찼고요. 근데 문제는 앞으로의 60년이었죠. 회사 생활을 마친 후 나머지 30~40년을 재미있게 노는 방법도 있을 텐데 저는 일을 하는 게 더 보람 있게 느껴졌어요.
이전에 제가 심하게 체해서 병원에서 고생하다가 안 되겠다 싶어서 그 날 밤에 침을 맞으러 갔어요. 30분쯤 침을 맞고 나니 편안해지더라고요.

들어갈 땐 업혀 들어갔는데 걸어서 나왔어요. 그 전에 고등학교 때도 한약 지어 먹고 효과를 본 적이 있었고요. 이런 경험이 있었기 때문에 한의사를 선택했던 것 같아요.

Q. 물리학과 전공으로서의 경험(이력)이 현재 한의사를 하면서 영향을 주는 부분이 있나요?
A. 사실 물리학은 간단명료하죠. 원칙 하나로 모든 문제를 꿰뚫을 수 있어서 一以貫之(일이관지)하는 경향이 있죠. 물리학은 대부분 단순한 시스템을 대상으로 하고, 복잡한 시스템은 통계적 확률로 계산하는데, 한의학의 대상인 인체는 엄청나게 복잡한 시스템이라 어느 방향으로 전개될지 사람마다 다 다르죠. 이 사람한테는 이 처방이 잘 맞았는데, 다른 사람에게 쓰면 맞지 않는 경우가 있어요. 그러면 왜 안 맞을까에 대해 고민하는 거예요. 사람마다 증상이 어떻게 다른지, 살이 쪘는지 안 쪘는지, 평소에 추위를 타는지 안 타는지 등을 확인하는 거죠. 이런 고민을 하는 과정에서 처방 기준표가 만들어지는데, 물리학에서의 습관처럼 구별점을 계속해서 감별해내려고 합니다.

이외에도 이준우 원장님께서 [현대적 언어로 풀어 쓴 한의학 이야기]를 연재하고 계시는데, 물리학적 검토가 필요한 경우 자문을 하고 있습니다.
덧붙여 학부 때의 에피소드를 말하자면, 본과 4학년 병원 실습 중에 김성철 교수님의 연구에 대한 설명을 듣고 있었는데, 어떤 문제가 있어 해결책을 고민하고 있다고 하시더라고요. 제가 그 문제에 대한 해결책을 제시했고, 그 해결책이 [광선 자침과 약침 주사를 위한 침술 장치(발명자:김성철, 소광섭, 황남주)]라는 특허로 등록되었습니다. 제가 물리학과를 전공했기 때문에 전반사를 통해 빛이 흘러가는 원리에 대해서 잘 알고 있었고, 그 지식을 이용하면 해결되는 문제였어요. 물리학을 잘해서 한의사를 잘한다는 뜻은 아니고, 무언가를 해결하는 데 물리학 지식도 도움 될 수 있다고 이야기하고 싶어요.

Q. 물리학 전공자로서, 한의학과 현대 과학지식의 조화에 관한 원장님의 의견이 궁금합니다!
A. 앞서 얘기한 이준우 원장님의 [현대적 언어로 풀어 쓴 한의학 이야기] 연재를 살펴보면, 한의학을 이해하기 위해 물리학을 비롯한 현대 지식을 활용하는 것을 볼 수 있어요. 현대를 살아가는 우리는 한의학을 현대 지성으로 표현해야 하며, 이는 검증된 과학 법칙 등과 조화를 이루어야 합니다. 이러한 관점에서 [현대적 언어로 풀어 쓴 한의학 이야기] 연재를 관심 있게 보고 있습니다.
이외에도 한의학을 과학적으로 이해하기 위해 많은 한의사가 과학적 절차에 따라 실험하고 임상 사례를 모아 분석하는 등의 작업을 하고 있고, 그 결과들이 논문으로 정리되고 있다고 봅니다.

Q. 기업체에서 직장인으로 근무한 경험이 현재 한의사를 하면서 영향을 주는 부분이 있나요?
A. 저는 기업체 근무 경험을 통해 수많은 대화 경험을 축적했습니다. 그 경험이 여러 가지 대화를 가능하게 한 것 같네요. 예를 들어, 기업에서 프로그램을 제작할 때 여러 명이 함께 제작하는데, 각기 다른 역할을 맡은 팀원과 의사소통을 잘하기 위해서는 프로토콜을 협의하는 등의 의사소통이 필요하죠. 마찬가지로, 다양한 배경을 가지고 제각기 통증을 호소하는 환자의 치료에도 대화가 중요한데, 이때 회사에서의 의사소통 경험이 많은 도움이 되었다고 생각합니다.

한의대 이야기

Q. 두 번째 학교생활을 한의대에서 시작하셨는데 그때 어떤 학생이셨는지, 그리고 기억에 남는 활동이 있으신지 궁금합니다.

A. 저희 학번에서 제가 제일 나이가 많았는데 형님이라고 불러주는 좋은 동생들이 생겼죠. 학교에서 동의보감을 포함한 원전을 공부하면서 동아리 활동도 했어요. 다행히 동기들이 배려해줘서 재미있게 잘 다녔어요.
그리고 한의대 들어오기 전에 한영불교사전을 편집하던 게 있었는데 그거를 회사 생활하면서 마무리를 못 하고 있었어요. 한의대 들어온 후에 틈틈이 마무리했죠. 예과 1학년 여름에 출판했고, *민족의학신문이랑 원광대 신문, 원광대 한의대 신문에서도 인터뷰해서 기사가 실렸던 게 기억에 남네요. (웃음)

*한영불교사전 펴낸 한의학도 황남주 - 민족의학신문 기사
https://www.mjmedi.com/news/articleView.html?idxno=19781

본과 올라갔을 때는 원광대학교 논문제에 참가했어요. "경락, 보이지 않는 실체"라는 제목으로 글을 쓰고 발표해서 최우수상을 받았어요. 어떤 사람들은 경락이 보이지 않는 데 실제로 있느냐고 따지는데, 사실 물리학자들은 눈에 보이지 않는 것을 열심히 연구하고 있거든요. 소립자들이 반응하고 나서 남은 결과를 보고, 보이지 않는 것들의 작동 방식을 추정하는데, 이런 것들이 과학적 사실로 인정이 돼요. 눈에 보이는 것만이 과학적 대상이 될 수 있는 것은 아닌 거죠. 그런 관점에서, 경락은 보이지 않지만 실체라고 말할 수 있죠. 물리학자 아닌 사람이 얘기하면 '네가 물리학에 대해 뭘 아느냐'고 할 수 있지만, 저는 물리학과를 졸업했으니까 그런 말을 할 수 없죠. (웃음)

한의사, 그 후의 이야기

Q. 원장님께서 처방 기준표 작성을 시작하시게 된 계기가 궁금합니다!
A. 본과 4학년 5월에 학생회가 외부 인사들을 초청해서 강연을 개최하는 [궁금한의] 포럼에 참여했어요. 그때 저는 동기들, 후배들이 한의대에 괜히 들어왔다고 생각하고, 일종의 패배감을 느끼는 것이 안타까웠어요. 그래서 이준우 원장님께서 민족의학신문에 연재하시던 보험한약에 대한 글을 정리해서 [한약으로 어떻게 감기를 치료할까?]를 주제로 후배들 대상의 강의를 했습니다. 학생들이 한의학의 효과를 쉽게 체감할 수 있는 것이 감기라고 생각했거든요.
이후, 국시를 준비하던 10월에 복통과 소화 불량을 주제로 강의를 한 번 더 했어요. 처방기준표는 본과 2학년 때부터 작성하고 있었는데, 두 번의 강의를 거쳐 발표한 감기와 소화 불량의 처방 기준표가 제가 공개한 첫 처방 기준표였습니다. 감기의 증상, 상황에 따라 어떤 처방이 쓰이는지를 정리하고, 소화 불량에 대해서도 상황별로, 속이 쓰리거나, 당기거나, 설사할 때 어떤 약을 쓰면 좋을지 구분해서 정리했었죠. 이 표가 이준우 원장님의 제안으로 민족의학 신문에 실렸다가 나중에는 책에도 실렸어요.
이 표를 어떻게 쓰냐면, 여러분들도 감기에는 무슨 약을 써야 하는지 잘 구별이 안 될 때가 있을 거예요. 그럴 때 표를 보면서 맞춰보면 돼요. 기침이 심한지, 기침이 심하면서 가래도 있는지, 열이 심하게 나는지, 목이 아픈지 등을 확인하면서 사다리를 타고 내려가면 맨 밑에 어떤 처방을 써야 할지 나와요. 이렇게 나와 있으니까 도움이 되는 거지요. 어떤 사람들은 저에게 〈보험한약 입문〉에 실린 표를 잘 봤다고 인사하기도 하고, 도움이 되었다고 말해주는 분들이 있어서 기쁘고 보람 있었습니다.

Q. 혹시 기억에 남는 환자 케이스가 있으신가요?
A. 최근의 사례이면서 기억에 남는 사례 중 하나는 뇌경색으로 말이 어둔해진 환자분이었어요. 처음 왔을 때와 비교해보면 설진 사진에서 확 차이가 나죠. 이럴 때는 초기에 보양환오탕을 써서 혈전이 막힌 것을 뚫어줘야 하는데, 양방에서도 혈전용해제를 줘서 위급한 상황에서 벗어나게 하지만 그 이후에 여전히 말이 어눌한 사람이 많아요. 이 환자에게 뇌의 모세혈관에서 뚫어주는 힘이 강한 보양환오탕이랑 말이 어둔할 때 쓰는 신력탕을 쓰고 한 달 뒤에는 말이 부드러워져서 방문했어요. 설진했을 때, 처음과 비교하여 노란색 태도 사라지고 색도 달라졌습니다.

학회 이야기

Q. 통합방제한의학회를 어떻게 시작하게 되셨나요?
A. 제가 본과 1학년 때 '새로 보는 방약합편' 책을 보게 되었는데, 처방별로 언제, 어떻게, 어떤 증상에, 어떤 신체 조건을 고려하여 사용해야 하는지를 구분하여 설명하였더라고요. 한약 처방 사용에 대해 명확한 기준을 제시하고 있다는 것이 놀라웠습니다. 저도 처방을 정확한 기준으

로 사용하고 싶어서 시작한 것이 통합방제한의학회 활동이었습니다.

Q. 원장님께서는 여러 강의를 학부 때부터 수강해 보신 분으로서, 학생들이 학회를 어떻게 활용하는 것이 좋다고 생각하시는지 궁금합니다!
A. 여러 학회를 돌아다니는 것보다, 자기에게 맞는 학회를 만나면, 그 안에서 제대로 공부해보는 경험이 중요하다고 생각해요. 한의학을 활용하는 방식이 여러 개니까 A도 알고 B도 알면 잘 할 것 같지만, 오히려 더 헷갈릴 수도 있다고 봅니다. 어떤 방식을 공부해봤는데, 그 방식이 딱 마음에 들면 그 길로 깊이 파는 게 적절하다고 생각해요. 여기저기 기웃거리다가는 한 가지를 만 번 연습한 사람을 못 당하는 것 같습니다.
치료하는 방법에 한 가지 방법만 있는 것이 절대 아니에요. 각자 경험이 쌓이면서 자기 나름의 노하우가 생기는 거죠. 인체는 복잡하기 때문에 치료하는 방법 또한 여러 가지가 생기는 게 당연합니다. 어떤 방법이든, 치료할 수 있다면 되는 거죠.

직업으로서의 한의사

Q. 원장님이 생각하시는 한의사/한의학의 장점은 무엇인가요?
A. 한의사는 나를 포함해, 내 가족과 주변 사람들이 아프다고 할 때 빨리 치료할 수 있다는 것이 큰 장점이에요. 그래서 저로 인해 주변 사람들의 병으로 인한 고통이 좀 줄어들게 되면 좋겠어요.
한의학 처방을 공부하고 효과를 보면 볼수록 옛사람들이 처방 이름도 잘 짓고, 똑같은 약재를 넣었는데, 개별 약재의 양을 조절하여 또 다른 증상에 활용한 것들도 신통해 보여요. 예를 들어, 똑같이 창출, 진피, 후박, 감초를 사용하더라도 진피의 양을 늘려서 다른 증상에 사용할 수 있다는 거죠.
현대에는 다양한 지식이 추가되어 더 엄밀하게 볼 수 있기도 하지만, 그러한 지식이 없이 증상과 처방의 구별에만 매진했던 예전 선배님들의 조문이 너무도 정확하여 놀라기도 합니다. 처방을 사용한 후 그 효과가 좋아서 조문과 비교해 보면 딱 떨어지거든요. '아, 이래서 이 처방이 효과가 좋았구나.' 싶은 거죠. 조문에 딱 떨어지게 제시해놨기 때문에 한문 문헌을 버릴 수가 없어요. 한문 문헌이 한의학 공부를 더 어렵게 하긴 하지만, 쉬운 것부터 공부하고 경험을 쌓다 보면 한의학이 참 좋다는 것을 알게 될 거예요.

Q. 건강에 관심이 많은 100세 시대에, 한의사의 역할은 무엇일까요?
A. 요즘은 항간에 떠도는 건강정보가 매우 많죠. 그래서 사람들이 챙겨 먹는 약은 점점 늘어만 가는데, 아무도 약 끊는 방법을 알려주지 않습니다. 결국 평생 온갖 약을 먹으면서 살기도 하죠. 건강하고 싶은 사람은 떠도는 건강정보에 휘둘리지 않고 본인에게 맞는 약을 골라서 잘 먹어야 해요. 그런 의미에서 한의사는 환자가 건강해질 수 있도록 적절히 이끌어주는 역할을 하는 거죠.
잇몸에 염증이 생기면 그 부위의 혈액순환이 잘 되게 하는 귀비탕을 사용하기도 해요. 염증이 심해질 것 같으면, 소염효과가 있는 배농산급탕을 쓰죠. 이 경우 한의사는 한약을 평생 먹으라 하지 않고, 증상이 완화되면 약을 끊을 수 있게 도와줘요. 또한 염증이 생겼다고 그 부위를 절제하거나, 신경을 죽이는 것이 아니라, 본래 기능을 회복시키고 살리는 쪽으로 치료하죠. 이렇게 본래 가지고 있는 것을 지키면서 사람들이 건강을 유지할 수 있도록 도와주는 것이 한의사의 역할이라고 생각합니다.

Q. 앞으로 한의사가 될 한의대생들에게 해주고 싶은 말씀이 있으신가요?
A. 저는 한의대생들이 한의학에 흥미를 갖지 못하면서 '내가 사람을 고칠 수 있을까'하는 생각을 하는 것을 바꾸고 싶었어요. 한의학이 전통 의학이고, 그 지식이 전통적 언어로 기술되어 있어 고교 졸업생들에게 낯설고 어려울 수 있어요. 고등학교까지 한자를 보지 않다가 한의대 와서

한자를 공부하려니 이해가 안 돼서 어려운 점이 있거든요.
다행히 요즘은 한의학을 현대적 언어로 기술하는 서적들이 있어서, 학생들이 그런 책들을 읽어나가면 한의학의 장점을 빨리 찾아내고 힘을 낼 수 있으리라 생각합니다. 그렇게 장점을 빨리 파악하고 처방을 직접 사용하다 보면, 한의학이 재미있을 거예요.

그리고 한의학에 자부심을 가지면 좋겠습니다. 응급 상황에서 사람을 죽지 않게 하는 데는 서양의학의 응급처치가 필요하지만, 몸을 본연의 상태로 회복시키는 데에는 한약이 효과가 좋아요. 학생들이 이 사실을 알았으면 해요.

Q. 앞으로의 목표, 되고 싶은 한의사의 모습이 궁금합니다!
A. 한약의 효과가 좋으니, 한약으로 잘 치료하는 한의사가 되고 싶습니다. 보다 구체적으로는 앞으로도 임상 사례를 살피면서 처방기준표를 꾸준히 작성하려 합니다. 지금도 방학 때마다 한의대생 강의에 맞춰 기준표를 제시하고 있어요. 현재의 처방기준표가 경험이 많으신 분의 입

장에서 보면 다 아는 것일 수 있지만, 아직 잘 모르는 학생들의 경우에는 이런 처방표를 보는 것이 편하잖아요. 기준표를 꾸준히 업데이트하면서 수준이 올라갈 수 있으면 좋겠습니다. 작업이 잘 되면 학생뿐 아니라 제 연차가 올라갈수록 경험이 적은 후배들께도 보여줄 수 있는 새로운 기준표가 되지 않을까 하는 기대도 있습니다.

다양한 기업체를 거치신 벤처사업가 출신이자, 물리학도에서 한의사가 되신 황남주 원장님과의 인터뷰, 참 인상 깊은 시간이었습니다. 환자를 위해 무엇이 최선일지 끊임없이 고민하고 노력하시는 원장님의 앞날을 대만드도 응원하겠습니다!

Interviewer. 앵무새, 꽃사슴, 용, 코카, 참새
Writer & Editor. 앵무새

부록
- 전문의 제도
- 한의사의 의료기기 사용

전문의 제도

1. 우리나라의 전문의 제도

대한민국 의료법 77조에서는 '전문의'에 대해 '대통령령으로 정하는 수련을 거쳐 보건복지부장관에게 자격 인정받은 자'로 정하고 있습니다. 우리나라에서 전공의 수련제도의 도입은 미국의 제도를 받아들여 1958년 인턴을 처음 선발하면서 시작된 것으로 알려져 있습니다.
전공의 과정은 인턴과 레지던트라고 불리는 일반수련의와 전문수련의 과정으로 나뉘어 있습니다. '전문의의 수련 및 자격 인정 등에 관한 규정'에 의하면 '인턴'은 의사 면허를 받은 사람으로서 일정한 수련병원에 전속(專屬)되어 임상 각 과목의 실기를 수련하는 사람을 말합니다.
쉽게 말하면, 인턴 근무를 하는 동안은 임상 각 과목을 윤번제로 돌며 해당 과의 업무를 익히고 교육을 받게 됩니다. 레지던트가 되면 해당하는 전문과목 중 1과목을 선택하여 전문수련을 받게 됩니다.
한의사 전문의의 전문과목으로는 '한방내과, 한방부인과, 한방소아과, 한방신경정신과, 침구과, 한방안·이비인후·피부과, 한방재활의학과 및 사상체질과'가 있습니다.

2. 외국의 전문의 제도

우리와 가까운 나라인 일본에서는 1968년도 이후 인턴제도를 폐지하였으며, 임상연수제가 시행되었으며 2004년부터는 임상연수 2년 과정을 마쳐야 독립진료가 가능한 형태로 변경되었으며 국가가 비용을 전액 부담합니다. 이후 3-4년차를 시니어 레지던트로 근무해야 전문의 자격을 취득할 수 있습니다. 독일의 경우는 6년제 수료 후 1년 6개월간 실습의사 과정을 거쳐 면허를 부여받으며 일반의는 3년의 병원수련, 2년의 의원 수련을 시행하게 되고 전문의는 4-6년의 병원 수련을 거치게 됩니다.
미국 또한 MD 자격을 취득 후 1년간의 병원 수련을 받아야 독립적인 의료행위가 가능하다고 합니다.

3. 한의사 전문의제도의 도입
한의사 전문의제도는 1999년에 시작됩니다. 당시, 의료법 시행규칙인 '한의사 전문의 수련 및 자격인정 등에 관한 규정'의 제정에 따라 한의사 전문의제도가 도입 되었으며 이에 따라 지난 2002년 총 246명의 전문의가 배출되었습니다.
복지부는 당시 제도 도입의 취지로 '한의사 전문의제도는 단순히 한방 임상분야를 세분화하는데 그치지 않고 한방전문분야에 대한 특성화·전문화를 통한 학문 발전을 도모 하고 질병별 치료영역의 특화로 치료의학으로서의 학문적 가치성 제고와 새로운 한약제제 및 전문 한방치료기술 개발로 국민의 한방의료 이용 편익을 도모함은 물론 한의학의 세계화에 대비하여 경쟁력 있는 치료의학으로 육성시키기 위한 목적을 갖는 제도이다.' 라고 설명하였습니다.
전문의를 취득한 한의사들은 2019년 '대한한의사전문의협회 (Korean Medicine Specialist Association)'를 구성하여 활동하고 있습니다. 2022년 기준 한의사 전문의는 총 3,616명으로 집계되고 있으며 한의사 총 인원수의 10% 정도에 달합니다.

한의사 전문의 제도의 도입으로, 한의계에도 '전문의'라는 개념이 도입되게 되었으며, 이에 발맞추어 전문수련병원, 보건복지부 지정 한방척추전문병원, 한방중풍전문병원, 한방부인과전문병원 등의 제도가 신설되게 되었습니다.
전문의 제도가 한의계에 정착된지 약 20년 정도가 지났지만 이를 통해 한의사들이 군의관으로 배치되기도 하였습니다.
한의사 전문의는 분과 및 병원에 따라 세부 내용이 다르기는 하지만, 전문의 자격 취득을 위해 일정 수준 이상의 환자군을 보고 기록을 남겨야 하며, 또 학회 논문 제출 등을 통해 전문과목 진료 사례에 대해 보고해야 하는 의무가 있습니다.
이러한 점에서 한의사 전문의가 우수한 전문 진료를 시행함으로써 한의의료에 기여할 뿐만 아니라, 학술적인 발전에도 도움이 된다고 할 수 있겠습니다.

1. 왕규창 외. 전문의제도개선방안연구. 의료정책연구소.
2. 보건복지부. 한의사 전문의제도 도입 보도자료. 1999-03-20
3. 대한한의사전문의협회 홈페이지

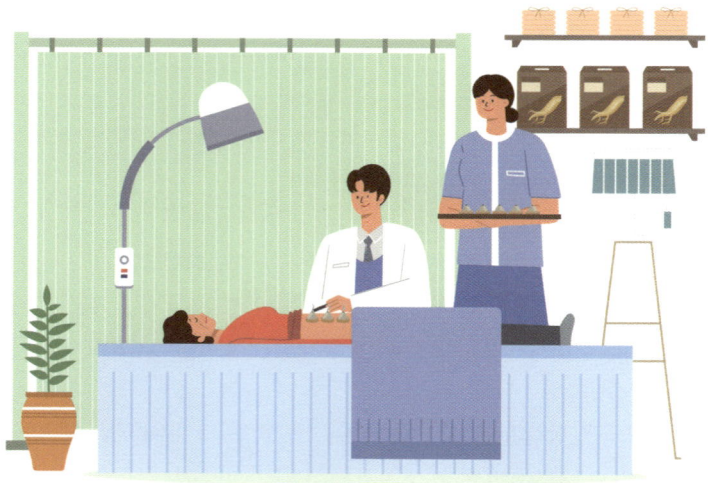

한의사의 의료기기 사용

우리나라 의료법에서는 "의료인"이란 '보건복지부장관의 면허를 받은 의사·치과의사·한의사·조산사 및 간호사를 말한다.' 라고 정의하고 있으며, '의료인이 아니면 누구든지 의료행위를 할 수 없으며 의료인도 면허된 것 이외의 의료행위를 할 수 없다.'라고 정의하고 있습니다.

하지만, 의료법과 관계 법령에서 '의료행위'를 구체적으로 정의하거나 '면허된 것 이외의 의료행위'를 적극적으로 정하는 규정이 없기에 의료행위 범위에 대한 갈등이 자주 발생하고 있습니다.

특히 2007년 신의료기술평가제도가 국내에 도입된 이후, 의료기기 분야에서 한양방의 갈등이 이어지고 있습니다. 하지만, 국민적 여론은 한의사의 의료기기 활용에 대해 찬성하는 입장입니다. 2022년 리얼미터가 국민 3,000명을 대상으로 여론조사를 시행한 결과 한의사 의료기기 사용 찬성 여론이 71.6%에 달했고, 진단기기 활용시 한의의료기관에 방문한 환자 만족도가 높아질 것이라고 예상하는 비율이 80.6%에 달했습니다.

그렇다면 어떤 의료기기는 한의사가 사용할 수 있고, 어떤 기기는 활용할 수 없냐에 대해 '면허된 것 이외의 의료행위'의 정의는 지금까지 대부분 개별 판결을 통해 방향성이 잡혀왔습니다. 기존에는 이 기준을 대법원에서 ① 관련 법령에 한의사의 해당 의료기기 등 사용을 금지하는 취지의 규정이 있는지, ② 해당 의료기기 등의 개발·제작 원리가 한의학의 학문적 원리에 기초한 것인지, ③ 해당 의료기기 등을 사용하는 의료행위가 한의학의 이론이나 원리의 응용 또는 적용을 위한 것으로 볼 수 있는지, ④ 해당 의료기기 등의 사용에 서양의학에 관한 전문지식과 기술을 필요로 하지 않아 한의사가 이를 사용하더라도 보건위생상 위해가 생길 우려가 없는지 등을 종합적으로 고려해야 한다는 판단기준(종전 판단기준)을 제시해 왔습니다. (2010도10352 판결 등)

이러한 판결로 인해 한의사가 현대 의료기기를 활용하는 점에 여러 제약 등이 발생했었지만, 그럼에도 한국한의학연구원에서 한의사용 초음파기기 아큐비즈를 개발하기도 하고, 임상 한의사들이 한의영상의학회 활동을 통해 미국초음파사자격(RMSK)을 취득하는 등 다양한 노력이 꾸준히 이어져 왔습니다.

이러한 노력의 결과로, 2022년 말 드디어 한의사의 초음파 사용 허용 판결이라고 알려진, 2016도21314를 통해 대법원 전원합의체는 새로운 기준을 제시하게 됩니다. 이 새로운 판단기준은 ① 관련 법령에 한의사의 해당 의료기기의 사용을 금지하는 규정이 있는지, ② 해당 진단용 의료기기의 특성과 그 사용에 필요한 기본적·전문적 지식과 기술 수준에 비추어 의료전문가인 한의사가 진단의 보조수단으로 사용하게 되면 의료행위에 통상적으로 수반되는 수준을 넘어서는 보건위생상의 위해가 생길 우려가 있는지, ③ 전체 의료행위의 경위·목적·태양에 비추어 한의사가 그 진단용 의료기기를 사용하는 것이 한의학적 의료행위의 원리에 입각하여 이를 적용 내지 응용하는 행위와 무관한 것임이 명백한지 등을 종합적으로 고려하여 사회통념에 따라 합리적으로 판단하여야 한다는 것입니다.

과거의 판단기준이 한의학의 학문적 원리에 기초한 것인지에 대해 입증하는 것이 주요 쟁점 이었다면, 이제 새로운 판단 기준에서는 한의사의 의료행위와 무관한 것인지를 입증하여야 하는 점에서 큰 차이가 있다고 할 수 있겠습니다.

기존에 한의사의 활용에 대해 법적 분쟁이 발생한 의료기기는 초음파뿐만 아니라 CT, X-ray, 골밀도 검사기, IPL, 레이져 등 다양합니다.

대법원이 판례에도 명시한 것처럼, 의료행위의 가변성, 과학기술의 발전, 교육과정의 변화, 의료소비자의 합리적 선택가능성이라는 점에서 앞으로도 한의사 의료기기의 활용이 더욱 활발해질 것으로 기대하고 있습니다.

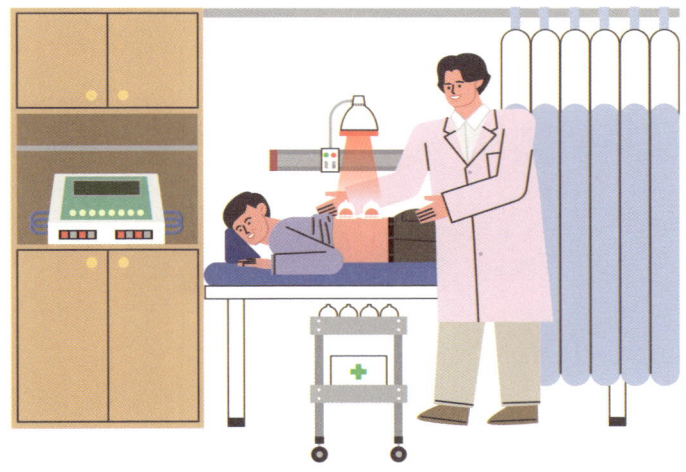

경제학도에서 한의사로,
라이문드 로이어 한의사
(3-1)

외국인의 눈으로 본 한의학, 그리고 한의학의 세계화

'저는 퇴사하고 한의사합니다'의 다음 인터뷰이는 누굴까요? 바로 국내 유일의 서양인 한의사, 라이문드 로이어 원장님입니다. 자생한방병원 국제진료센터를 이끌고 한의학의 세계화를 위해 누구보다 앞장서서 노력하고 계신 원장님의 이야기로 여러분들을 초대합니다.

라이문드 로이어 원장님 약력
- 오스트리아 그라츠대 경제학과 중퇴
- 경산대학교(현 대구한의대학교) 한의학과 졸업
- 분당 차 한방병원 일반수련의 수료
- 경원대학교(현 가천대학교) 한의학 박사학위 수료
- (전) 대한약침학회 국제의사
- (전) 국제동양의학회(ISOM) 이사
- (현) 자생한방병원 강남 본원 국제진료센터 대표원장
- (현) 대한한의사협회 국제위원
- (현) 서울시 한의사회 부회장

[Part 1. 서양인 한의사가 되기까지]

Q. 안녕하세요 원장님. 먼저 원장님을 모르는 분들을 위해 간단하게 자기소개를 부탁드립니다.
A. 간단하게 소개를 할 수 있을지 모르겠네요, 원래는 길게 소개를 해서 (웃음). 간단하게 한 문장으로 소개하자면 '최초의 면허증이 있는 서양인 한의사 라이문드 로이어'입니다. 아직까지는 최초이자 유일한 서양인 한의사이기도 하구요.

Q. 그렇다면 길게도 한번 소개를 부탁드려도 될까요?
A. 그럼요. 저는 오스트리아 출신으로 1987년에 한국에 처음 도착했어요. 처음부터 한국에 와야겠다 생각을 한건 아니고, 어렸을 때부터 '동양 Far East Asia'에 대해 관심이 있었어요. 처음엔 동양 무술을 좋아해서 시작된 거였는데, 그 배경에 있는 종교·철학·문화까지 포함해서 관심이 가더라구요. 그러나 그 당시에 중국은 공산주의 체제 하에서 굉장히 폐쇄적인 상태였기 때문에 여행하기가 어려웠어요. 그러다보니 주변에 어디 갈 수 있는 나라가 없나 찾다보니, '한국'이라는 나라를 알게 됐고, 찾아보니 태권도라는 무술도 있고, 불교 문화도 있고 하더라구요. 그래서 처음엔 여행을 목적으로 오게 됐어요.

Q. 한의학에 대해서는 전혀 모르고 오셨네요?
A. 네, 그렇죠. 한국에 와서 여러 가지를 체험하면서 배워보고 싶었던 무술, 태권도를 배웠었어요. 태권도를 배우다가 발목을 삐었는데, 관장님께서 다친걸 치료하려면 '한의원'에 가야 한다고 하더라구요. 침이 뭔지도 몰랐는데, 침을 맞아야 낫는다고 해서 한의원에 가게 됐어요. 직접 침을 맞으면서 한의학을 체험하고, 그 과정에서 이러한 의술이 있다는 것을 우연히 알게 된거죠. '이게 뭐지?' 라는 생각으로 호기심이 생겨서 본격적으로 한의학을 배워보자는 생각을 하게 되었습니다.

좀 알아보니까 한국에서는 양의학은 의과대학에서, 한의학은 한의과대학에서 따로 배워야 한다더라구요. 그래서 한의대에 입학해서 공부를 해봐야겠다 싶어서 경희대를 먼저 찾아갔어요. 왜냐하면 경희대가 서울에 있어서 가까웠으니까 (웃음). 갔더니 경희대에서 담당하시던 분이 '외국사람은 안된다'고 하더라구요? 이유를 물어보니, 제 앞에 영국 사람이 배우려고 입학을 했었는데 예과 생활 중에 유급을 계속 당해서 포기했다고 하더라구요. 그런 선례가 있어서 외국인은 수업을 따라갈 수 없기 때문에 아예 받지 않는다는 답변을 들었어요.

Q. 저도 예전에 몇 번 이상 유급을 당하면 아예 퇴학되는 제도가 있었다고 들었던 것 같은데. 그런 이유로 포기하신 분이 계셨던거군요. 그래서 원장님께선 어떻게 하셨나요?
A. 그래서 또 아는 사람 통해서 다른 한의대를 알아보기 시작했어요. 당시에 경산대, 지금의 대구한의대를 소개받아서 경산까지 갔죠. 경산대에서는 다행히 호의적이었어요. 외국인이 한의학 공부하면 좋을 것 같은데? 이런거죠. 근데 배우기 위해서는 한국말도 알아야 하고, 한자도 알아야 하니까 제가 준비를 좀 더 해와야 한다고 했어요. 알겠다고 대답한 뒤에 본격적으로 준비를 시작했죠.
오스트리아에 일단 돌아가서 '한의학'을 배우겠다고 부모님께 말씀드리고 다시 한국으로 돌아왔어요. 1989년에 연세대학교 어학당을 다니면서 한국어를 공부하고, 그 이후에 또 좋은 기회로 강릉대학교에서 동양철학을 공부하면서 한자 공부도 같이 했어요. 그렇게 준비를 마치고 1991년에 외국인 전형을 통해서 경산대학교 한의학과에 입학하게 되었습니다.

Q. 입학까지 많은 우여곡절이 있으셨네요. 그럼 그 과정에서 포기하고 싶으셨던 적은 없으셨나요?
A. 중간에 힘들긴 했었지만, 그만두고 싶다는 생각을 하진 않았던 것 같

아요. 제가 워낙 한 번 목표가 생기면은 고집이 있는 편이라, 목표까지는 무조건 가는 그런 사람이라서요. 그리고 오히려 저는 입학하고 나서도 많이 힘들었거든요.

Q. 입학하고 나서 어떤 것이 힘드셨나요?
A. 제가 대구로 갔잖아요? (웃음)

Q. 아, 사투리. 아무리 한국어를 공부하셨다고 해도, 또 사투리는 다른 차원의 장벽이죠.
A. 네. 똑같은 한국말이 아니더라구요 (웃음). 지금도 OB(주 : Old boys의 약자, 나이가 있는 신입생들의 모임)가 있죠? 특히 서울에서 온 제 나이 또래의 친구들이 몇 명 있었어요. 그래서 수업도 같이 듣고, 수업 끝나고 같이 놀기도 하면서 지냈는데. 그 친구들이랑 같이 앉아서 수업을 듣고 있으면, 제가 이해를 못해서 '교수님이 방금 뭐라고 하신거야?'하고 물어보면 그 친구들도 사투리를 못 알아 들어서 '나도 몰라'라고 대답하더라구요 (웃음). 초반에는 그렇게 언어 때문에 한번 힘들었죠.
그 이후에도 예과 때 과목으로 한국사가 있었어요. 저는 외국인이니까 한 번도 배워본 적 없는 과목인데, 동기들은 born to be, 그냥 아는 내용들이잖아요. 다들 재미로 시험을 치는 그런 과목이었는데, 저는 어디서부터 시작해야 할지 모르겠고 그냥 막막했어요. 또 생각보다 영어가 어려웠는데, 시험이 '(영어로 텍스트를 주고) 한국말로 번역하시오' 이런 거였거든요. 저는 그러면 제 1외국어를 읽고 제 2외국어로 번역을 하는 거죠. 그러다 보니까 쉽지 않더라구요, 결국 C 맞았나? 이런 예과 과목들이 많이 힘들었는데 오히려 본과 올라가서 전공과목을 배우다 보니까 괜찮아 지더라구요. 올라가면 올라갈수록 점수도 잘 나오고. 그래서 예과 때가 저는 가장 힘들었던 것 같아요.

Q. 그러면 다시 처음으로 돌아가서, 한의학을 전공하시기 이전에 경제학을 전공하고 무역 회사에서도 일을 하셨다고 들었어요. 경제학을 선택하게 된 계기와 이후에 안정적인 직장인으로서의 삶을 포기하신 이유가 무엇인지 여쭤봐도 될까요?

A. 처음에 경제학을 선택한 이유는, 돈에 대해 공부하면 돈을 벌 수 있을거라 생각했기 때문이에요. 잘 알지 못하고 선택한거죠 (웃음). 돈 버는 것을 공부할 수 있겠다 생각하고 입학했는데, 막상 공부를 해보니 그게 아니더라구요. 재미라도 있었으면 좋았을텐데, 재미도 없었어요. 돈을 벌어서 동양에 가보고 싶다는 생각은 입학 전부터 가지고 있었기 때문에, 중간에 '경제학은 내 길이 아니다'라는 생각을 하고 무역회사에 취직을 했죠. 일단은 돈을 벌어서, 내가 뭘 하고 싶은지 동양에 가서 알아봐야겠다고 생각했어요. 무역회사는 동양으로 가는 여행비를 벌기 위한 수단이었기 때문에 제게는 안정적인 직장인으로서의 삶이 의미가 없었던거죠.

[Part 2. 한의사 라이문드 로이어]

Q. 원장님께서 한의사가 되시기까지의 긴 이야기를 들어봤는데요. 이제는 한의사로서의 삶에 대해 여쭤보고자 합니다. 졸업 후에 인턴 생활을 선택하신 이유가 있을까요?

A. 학교를 8년 만에 졸업했어요. 한 번은 한약 조제권 분쟁 때문에 학교가 뒤숭숭해서 휴학을 해서 쉬었고, 한 번은 분쟁 때문에 한의대 전체가 수업거부를 하다가 유급되어서 쉬었죠. 1991년 입학을 해서 1999년에 한의사 시험을 치고 졸업을 했는데, 막상 나와보니 아는게 없더라구요. 지금도 많은 한의사 후배님들이 그런 감정을 많이 느낀다고 들었어요. 저도 똑같았죠. 병원 실습도 하고, 참관도 몇 번 했는데 제겐 큰 도움이 되지 않았어요. 바로 한의사로 활동하기엔 자신이 없어서, 조금 더 체계

적으로 테크닉을 배워야겠다는 생각이 들었죠. 그래서 인턴을 지원했고, 전공으로는 침구학을 하려고 했어요. 수련기간 중에 교통사고를 당하면서 어쩔 수 없이 그만뒀지만요.

Q. 그러셨군요. 이후에 지금의 자리까지 오시게 된 과정이 궁금합니다. 국제진료센터를 맡게 되신 계기가 있으신가요?
A. 일반수련의 과정을 마치고 나서 서울에서 부원장으로 근무를 했었어요. 5년 정도 부원장 생활을 하고 있던 중에 자생한방병원에서 러브콜을 받았어요. 국제진료센터를 운영해보려고 하는데, 그 센터를 맡아줄 수 있겠냐구요. 예전부터 한의학의 세계화에 대해 생각해왔었기 때문에, 좋은 기회라고 생각하고 수락했죠.

Q. 요즘 원장님의 하루 일과는 어떻게 되시는지 알려주세요.
A. 제 루틴은 단순해요. 새벽 4시 30분쯤 일어나서, 남산이 근처니까 가서 운동을 좀 해요. 1시간에서 1시간 반 정도. 걷기 운동도 하고, 기공 수련도 좀 하고, 태극권도 좀 하고. 그리고 집에 돌아가서 준비하고, 아침 먹고 출근하죠. 보통 병원에 8시 쯤 도착해서, 또 1시간 동안 환자 차트를 확인해요. 오늘은 어떤 환자가 있는지, 특이한 케이스는 없는지, 지난 밤 동안 문제는 없었는지 쭉 한 번 보죠. 9시부터 진료를 보기 시작해서 6시 정도에 끝납니다. 저녁에는 서울시 한의사회 부회장도 하고, 여러 자리를 맡고 있다 보니 행사를 가거나 회의를 하거나 하면서 시간을 보내요. 그리고 밤 10시나 11시 사이에 잠에 드는 것 같습니다. 그렇게 규칙적으로 보내는 편이에요.

Q. 국제진료센터에서 근무하시면서 기억에 남는 환자분이 계시나요?
A. 너무 많죠. 간단하게 감기에 걸려서, 열이 나서, 여기 한국까지 오시는 환자분은 없잖아요. 대부분 본인의 나라에서 해결되지 못하는 문제를 가지고 계신 환자분들이니까. 비싼 돈과 시간을 들여서 내원하시는

분들이니 복합적이고 복잡한 환자분들이세요. 소위 종합병원이라고 하죠. 목도 아프고, 허리도 아프고, 여기저기 다 아프신 분들. 신경 쓸 것들이 굉장히 많기 때문에 한 분, 한 분 다 기억에 남죠. 환자분들이 치료 받고 돈과 시간을 투자해서라도 '잘 왔다'라는 말씀을 해주시면 한의학에 대한 자부심도 생기면서 힘들었던 만큼 보람도 큰 것 같아요.

[Part 3. 한의학의 세계화]

Q. 원장님께서는 한의학의 세계화에도 많은 노력을 기울이고 계신데요. 어떤 일들을 하고 계신지 소개해주실 수 있으실까요?
A. 제가 외국인 한의사이기 때문에 갖는 강점이 있어요. 세계에 나가서 한의학을 얘기할 때, 조금 더 자연스럽게 다가갈 수 있다는 거에요. 같은 외국인이 말을 하기 때문에 더 귀를 기울여주죠. 특히 서양과 동양의 생각과 사고방식은 많이 다르기 때문에 그 중간의 간극을 메워주는 다리 역할을 제가 할 수 있고, 실제로 하고 있습니다. 제가 처음 한의학을 배웠을 때 이해하기 어려웠던 부분들을 아니까, 서양인들 입장에서 그 부분이 이해 안되는건 당연하거든요. 그럼 그런 부분들을 제가 이해했던 방식으로 설명을 바로바로 해줄 수 있으니까 보다 쉽게 한의학을 설명할 수 있죠. 그들의 사고방식으로 설명해주지 않으면 서양인들이 한의학을 이해하기는 쉽지 않아요.

한 2년 반 동안은 코로나 때문에 하지 못했지만, 이전에는 세계 여러 곳을 다니면서 한의학에 대해서 강의를 했어요. 한의학에 대해서 소개를 하고, 실질적으로 치료가 필요한 환자분들은 한국으로 모셔와서 진료도 하고 그랬었죠.

Q. 그렇다면, 현재 세계적으로 한의학은 어떤 위치에 있는지 궁금합니다.
A. 안타까운 이야기지만 침, 그러니까 acupuncture는 중국꺼라는 생각이 이미 강하게 자리잡혀 있어요. 한국에 침이 있다고 이야기하면, '한국에도 있어?' 이런 반응이죠. 그래서 침술의 측면에서 한의학을 알리기는 힘든 부분이 있어요.

저는 예전부터 한약의 세계화 대해서 많이 이야기 하고 다녔어요. 아직까지는 침에 비해 herbal medicine을 중국이랑 연관시키고 있지는 않는 상황이에요. 한약의 측면에서 한의학을 알릴 수 있는 기회가 아직 있는거죠. 즉, 한국에서 한약을 체계화해서, 제품화해서 잘 만들어서 세계 시장에 어떤 방식으로든 내놓을 수 있으면 어떨까요. 외국에 침구사들은 많아요, 독일 만해도 한 5만명 된다고 하는데 그들에게 침 뿐만 아니라 한약에 대한 접근성을 높여준다면. 그리고 그렇게 처방할 수 있도록 배우는 제도도 만들 수 있다면 얼마나 좋을까요. 믿을 수 있는 검증 기관을 통해서 한약에 대한 안정성과 품질을 세계적 기준으로 검증 받는 제도가 생긴다면 세계 시장에 진입하기 쉽지 않을까 생각해요. 국가적으로, 한의계 전반적으로 조금 더 적극적으로 발전시킬 필요가 있죠.

Q. 말씀하신 한약의 세계화 측면에서 외국어 교재 출판을 준비하고 계신다고 들었습니다. 관련해서 자세히 이야기 해주실 수 있으신가요?
A. 한 5년 전부터 독일 교수 세 분과 함께 교재를 쓰고 있어요. 아직 출판은 못했지만 원고는 다 완성이 된 상태죠. 출판사에서 교열 작업 마무리 중인데, 그게 지금 일 년 반이 넘게 진행중입니다 (웃음). 이 책은 최초의 독일어로 된 한의학 교재가 될 거에요. 출판의 목표는 '한의학을 독일에 알리는 것'이긴 하지만, 그 안의 핵심은 한약이에요. 많은 한약을 담지는 않고 국내에서 사용되는 보험한약 위주로 넣었어요. 일단은 정부에서 인정하는, 객관적인 데이터가 쌓여있는 처방부터 수록했어요. 처방을 분석해서 약재마다 한의학적으로 어떤 효능이 있고, 약리학적으로 어떤 성분이 들어있는지 그런 내용을 넣었죠.

Q. 세계화를 위해서는 앞으로 어떤 것들이 더 필요할까요?
A. 일단 객관화를 시키는 것이 필요하죠. 데이터로 '한의학은 이런 의술이다'를 보여주는 것 만큼 세계에 알리기 쉬운 방법이 없죠. 객관적인 정보를 모아서 논문을 계속해서 써야 해요. 최근에는 이런 부분에 대한 필요성을 다들 느끼고 있기 때문에 여러분들과 같은 미래 한의사들, 또 지금 젊은 한의사 분들이 많이 노력해주면 좋을 것 같아요. 앞으로 여러분이 할 일이 많아요.

[part 4. 한의학과 한의사]

Q. 처음에는 신기한 의술이라고 생각하셔서 한의학을 배우셨는데요. 그렇다면 30여 년간 한의사로 활동하시면서 느끼신 한의학은 어떤지 궁금합니다. 한의학의 강점은 무엇이라고 생각하시나요?
A. 한의학은 포괄적으로 건강 상태를 이해하고, 어떻게 환자의 전체적인 몸 상태를 균형잡힌 상태로 돌릴 수 있는가에 초점이 맞춰져있죠. 치료의 개념보다는 다시 자연스럽게 정상화시키는 방향으로 도와주는 개념이에요. 또 수술과는 다르게 침과 약으로 치료하면서 부작용이나 위험부담은 상대적으로 적구요. 자연의 원리를 통해서, 전체적으로 환자의 건강상태를 보면서 조절해줄 수 있는 의술은 한의학이라고 생각합니다.
또 제가 한의사로서 해를 거듭하며 느끼는 것은 경험의학이라는 거에요. 이론적인 것들을 6년동안 배워서 필드에 나오지만, 실질적인 부분들은 직접 환자를 보면서 배우게 되거든요. 이론을 실전에 사용하는 법을 아는 데에는 사실 많은 시간이 필요하죠. 어떻게 하면 아프지 않게 침을 놓는지, 어떻게 하면 환자를 잘 이해할 수 있는지. 이런 부분들은 계속해 봐야 서서히 감이 오죠. 근데 그만큼 시간을 투자하면 투자 할수록, 경험을 하면 경험을 할수록 그 기술을 발달시킬 수 있어요. 성장에 한계가 없는거죠.

Q. 어떤 분들에게 한의학 또는 한의사를 추천하시나요?
A. 가장 기본적으로 '의사(醫師)'가 뭘 하는 사람이죠? 사람을 고치는 역할을 하는 사람이잖아요. 다른 사람의 건강을 위해 내가 도와줄 수 있는 마음, 도와주고 싶은 마음을 가진 사람이어야 해요. 열심히 하고, 잘하는 것과는 근본적으로 다른거죠. 그 기저에 이런 마음을 가지고 있어야 실력도 쌓아 올릴 수 있어요.
그리고, 한의사라는 직업은 끝없이 발전할 수 있는 직업이라고 생각해요. 저만 봐도 20년 전에 처음 한의사가 되었을 때보다 10년 전 한의원에서 일할 때, 그리고 그 때보다 지금. 시간이 흐르면서 점점 발전하고 있죠. 환자를 어떻게 하면 더 잘 대하고, 더 잘 치료해줄 수 있는지에 대한 고민, 한의학에 대한 전반적인 이해, 이런 것들이 갈수록 계속해서 업그레이드가 되는거죠. 안정적인 스탠스에서 머무르려는 사람보다는 계속해서 자신을 갈고 닦아서 발전하려는 사람들, 그런 사람들이 한의사를 하면 좋은 시너지가 나올 것 같아요. 그런 분들에게 추천합니다.

Q. 앞으로 원장님의 목표. 되고 싶은 한의사의 모습이 궁금합니다.
A. 일단 나이 들면 제일 큰 목표는 하나에요. (웃음) 건강하게 유지하는 것. 매일매일 산에 가서 운동하고 수련하는 것이 그 이유죠. 그 다음엔, 지금처럼 임상에서 외국인 환자를 많이 치료하고 한의학을 세계화시키는 일을 찾는 게 목표입니다. 제가 할 수 있는 능력 안에서 열심히 한의학을 발전시키는 일을 하고 싶어요. 마지막으로는 앞으로 지금보다 제가 한의학을 더 많이 알고, 넓게 알고, 깊게 알게 되면 외국인 제자들을 키워보고 싶어요. 외국인들을 위한 한의학 학교 같은 것도 좋겠네요.

Q. 마지막 질문입니다. 앞으로 원장님께서 하시는 일이 세상을 어떻게 바꿀까요?
A. 제가 하는 일이 당장 세상을 바꿀 수 있을거라고 생각하진 않아요. 최근에 보건복지부에서 한의사의 영문 명칭을 'Oriental Medical Doctor'에서 'Doctor of Korean Medicine'으로 바꿨잖아요. 제가 졸업할 때부터 명칭을 이렇게 바꿔야한다고 계속 주장해왔는데, 15년 정도 걸려서 지금 바뀐거에요. 엄청 오래 걸렸죠? 어떤 것을 하나 바꾸려면, 아주 조그만한 것이라도, 엄청난 노력과 시간이 필요해요.
제가 한의학의 세계화를 위해 외국인 환자들을 보고, 교재도 쓰고 하는 이런 일들이 변화의 '씨앗'이 될 수 있을 것이라고 생각해요. 그 '꽃'을 피우기까지 시간이 너무 많이 걸린다는 것을 알고 있기에 큰 기대는 하지 않지만, 저와 뜻을 함께하는 분들이 뒤를 이어서 점점 변화를 만들어주지 않을까 생각해봅니다.

원장님과 한의학의 세계화에 대해 이야기를 나누면서 앞으로 우리가 해야할 일들에 대해서 많이 생각해보는 시간이었습니다. 임상 데이터를 쌓고, 연구를 통해 결과로 엮어내는 것. 그리고 연구 결과를 토대로 세계에 한의학의 우수성을 알리는 것. 앞장서서 노력하고 계시는 선배님들과 함께 우리가 앞으로 조금씩 해내가길 바랍니다. :)

Interviewer. 토끼, 펭귄, 용, 그리고 알파카
Writer & Editor. 토끼

경제학도에서 한의사로, 이요한 한의사
(3-2)

이해받고 이해하는 한의학, 이요한 한의사

다른 직업에서 한의사로 이직하신 선배님들의 이야기를 전해드리는 '저는 퇴사하고 한의사합니다'의 세 번째 인터뷰로, 대만드가 이요한 원장님을 만나러 달려갔습니다. 서울대 경제학과를 졸업하시고, 회사원 생활을 하시다가 한의사로 이직하신 원장님의 이야기! 지금 바로 시작합니다~

이요한 원장님 약력
- 서울대 경제학과 졸업
- 가천대 한의대 졸업
- (전) LIG넥스원 기획팀 근무
- (전) 현대요양병원 한방 과장
- (전) 수원 태원당한의원 진료원장
- (현) 라파엘한의원 대표원장

Q. 안녕하세요. 간단하게 자기소개 부탁드립니다.
A. 안녕하세요. 용인에 있는 라파엘 한의원 원장이자, 개원 4년 차인 이요한 원장이라고 합니다. 가천대학교 한의과대학을 졸업한 늦깎이 한의사입니다.

Q. 요즘 원장님의 일과, 일주일 일정이 어떻게 되시나요?
A. 혼자 주 6일, 조금은 쳇바퀴 돌리듯 진료하고 있습니다. 환자 한 명 한 명 볼 때마다 굉장히 재미있습니다. 아이들이 아직 어려서 저녁과 주말에는 재미있고 좋은 곳에 놀러 가고, 맛있는 것들 먹으면서 즐겁게 보내고 있습니다. 오늘 인터뷰도 진료를 마치고 바로 왔습니다. 돈을 조금 더 벌면 부원장을 주 2회 두고 저도 주 5일 진료하고 싶네요(웃음).

경제학과 & 한의사 이직

Q. 첫 전공인 경제학과를 선택하신 계기가 무엇인가요?
A. 사실 딱히 하고 싶은 일이나 배우고 싶은 것은 없었으나, 제가 문과 출신인 것이 많은 영향을 미친 것 같습니다. 당시에는 문과에서 가장 높은 법대를 생각하고 있었는데, 시험을 치고 법대는 성적이 조금 모자란 것 같아서 경제학과를 지원하게 됐습니다. 처음에는 경영학과와 경제학의 차이를 모르고 지원했는데 나중에 보니 세상을 개척하는 방법을 가르치는 경영학보다는 '세상을 이해하는 방법'을 가르쳐준 경제학이 저의 스타일과 맞다고 생각했습니다. 경제학을 배우면서 사람들의 많은 말과 행동의 근본동기들을 잘 이해할 수 있게 된 것 같습니다.

Q. 경제학을 배워보지 않은 입장으로서, 경제학으로 어떻게 세상을 이해하는지 자세히 들어볼 수 있을까요?
A. 경제학에서는 인간을 '합리적이고, 경제적인 이익을 추구하는 존재'라고 설정합니다. 사람들의 행동, 특히 경제적 이익과 관련해서 설명하는 학문이 경제학이거든요. 가령, 어떤 물건에 대해서 사려는 사람이 많지만 팔려는 사람은 적으면 가격은 당연히 올라갑니다. 그런데 팔려는 사람은 많은데 사려는 사람은 적으면 가격은 내려가겠죠. 이런 식으로 세상을 이해하는 방식을 가르쳐주는 게 경제학인 것 같습니다.

경제학과 한의학, 세상과 인간을 이해하는 학문이라는 점에서 유사한 것 같네요!

Q. 경제학과를 졸업하고 다양한 직업 중에서 한의사로 이직을 결심하신 계기가 있을까요?
A. 4학년부터 졸업 때까지 행정고시 공부를 계속했는데, 그 과정에서 이 길이 저와 맞지 않는다는 걸 알게 되었어요. 그래서 회사에 들어가야겠다고 마음을 먹고 중견그룹 재무팀으로 들어가서 회계 관련 업무를 담당했습니다. 그 다음에 이직 제의를 받아서 미사일하고 레이더 만드는 회사로 옮긴 후, 각종 회의와 사업부 관리, 국방중장기계획 등에 관련된 업무에 참여했습니다. 돈도 벌면서 새로운 일을 배우고 회사동료들과 어울리는 건 언제나 재미있었습니다.

그런데 무엇인가를 하고 싶은 열망 없이 회사에 다니고 나이 서른에 '열정'에 대한 고민이 인생 최초로 시작되었습니다. 그때쯤 결혼을 하게 됐고, 아내 친구 중에서 의사도 있고 한의사도 있었어요. 그래서 한의사에 대해서 알게 됐어요. 한의사라는 면허와 경제적 여유, 독립적인 활동 영역을 가진 아주 매력적인 직업군으로 저에게 다가왔습니다. 문과 출신으로서 한 번도 생각해보지 못한 의료 분야를 접했음에도, '아, 내가 열정을 가지고 한번 도전해 보고 싶은 그런 직업이구나' 생각이 들었어요. 이 길에 대한 확신이 들어서 회사를 그만두고 다시 수능에 도전하게 되었습니다.

또한 한의사는 독립적인 치료를 할 수 있다는 것이 강점이자 장점이에요. 그리고 환자만 보는 게 아니라 천기(天氣)와 기후, 환경을 고려하고, 어느 지역에 사느냐와 계절, 그 사람의 체질 등 모든 것을 다 고려하면서 진료를 할 수 있다는 것이 좋은 것 같습니다. 더 넓은 시야로 사람을 전인적(全人的)으로 잘 이해할 수 있게 한다는 점이 매력적이라고 생각합니다.

Q. 두 번째 대학 생활을 하면서 학부 시절에 어떤 학생이셨나요? 그리고 학창 시절에 기억에 남는 활동 혹은 고충이 있으셨나요?
A. 경제학과 4년, 한의학과 6년은 인생의 가장 완전한 생각의 자유를 누린 시간이었습니다. 결혼하고 첫째 아이가 태어나고 수능 준비도 해서 경제적으로 어려운 부분이 있었습니다. 저녁에는 열심히 과외를 하면서 돈을 벌기도 했죠. 그런데도 다시 학창 시절로 돌아가 얻은 방학과 젊음이 너무 좋았습니다(웃음). 따로 스터디나 봉사활동 등에 참여할 시간은 없었지만, 아기들과 함께 방학에는 재밌게 놀았던 기억이 저희 가정을 더욱 풍요롭게 해준 것 같습니다.

Q. 개원 시기가 비슷한 나이대 분들보다 늦어지면서 초조함이나 불안함 등등, 개원 당시에 겪었던 고민이 궁금합니다.
A. 다른 사람들과 비교했을 때, 이미 늦게 한의대에 입학했기 때문에 항상 어떻게 개원할지에 대한 고민을 계속했어요. 먼저 한의사가 되신 원

장님들, 교수님들 그리고 한의원에도 많이 찾아다녔습니다. 그래서 마음의 준비는 어느 정도 되어 있었어요. 또 이전에 재무팀과 기획팀에서 사회생활을 했던 경험이 있어서 개원에 대한 두려움이나 겁은 없었어요. 빨리 개원하고 싶었죠.

 돈이 부족해서 대출을 끌어 써야 하는 부담 외에는 개원 과정도 되게 재밌었습니다. 코로나 때문에 조금 고생하긴 했습니다만, 개원하고 나서는 환자분들의 입소문으로 꾸준히 성장해서 지금은 어느 정도 안정되었습니다.

Q. 직장생활의 경험이 한의사로서 살아가는 데 도움이 된 부분이 있으신가요?
A. 회사 생활이 힘들다고들 생각하는데, 좋은 직장 동료들도 만나고 배우는 것도 많고 재미있는 일도 많습니다. 확실히 더 넓은 시야를 배울 수 있다고 생각합니다. 그리고 진료하다 보면, 직장생활을 하는 직장인이 환자로 많이들 오시거든요. 그 고충을 다 이해하고, 환자분들에게 누구보다 잘 공감해줄 수 있습니다. 저도 새벽 1시까지 퇴근 못 하고, 새벽 6시까지 자료 준비해야만 하는 회사 생활을 겪어 봤으니까요. 다만 회사 생활보다 한의사 생활을 천 퍼센트 더 만족합니다(웃음).

 저는 회사 재무팀이나 기획팀에서 많은 데이터를 다양한 기준을 정해서 정리하는 일을 했습니다. 한의학적 지식도 새로운 아이디어와 기준을 적용해서 정리하면서 다양한 관점으로 해석해 볼 수 있었습니다. 또한 기존 양방적 지식도 한의학적 관점으로 재해석하는 시도를 하는 데 많은 도움이 되고 있습니다.

Q. 한의대 학생들에게도 회사 생활을 경험해보는 것을 추천하시나요?
A. 100% 추천합니다! 회사에 들어가 보니 또 다른 세상이 열렸고 세상에 대해서 더 많이 알 수 있어요. 더 많은 세상을 알게 되고, 한의학과 세

상을 또 다른 방식으로 연결할 수 있는 좋은 모델들을 배울 수 있을 것입니다.

 또한 제약회사도 학부생 때 배운 지식을 응용할 수 있으니 추천해 드리고, 뇌과학연구원도 뇌를 한방적 관점으로 접근해서 연구한다는 점에서 이점이 있을 것입니다. 한의학 의료 정책이나 제도 분야에 더 관심을 가지면 공무원도 도전해 볼 수 있다고 생각합니다.

진료 & 콘텐츠

Q. 담적(痰積)과 소장 세균과다증식(SIBO), 공황장애를 전문적으로 보게 된 계기가 어떻게 되나요?
A. 위담한방병원 원장님께서 담적, 즉 위(胃)의 문제로 인해 여러 병이 시작된다는 것을 한의계에 공론화했습니다. 또 한의원에 내원하는 환자들의 80%가 근골격계 환자들인데, 그다음으로 많이 오는 환자들이 소화기계 환자입니다. 실제로 근육이나 인대가 잘 회복되지 않는 이유가 소화 및 흡수가 잘 안되는 경우도 종종 있고요. 그래서 저도 담적에 관해 관심을 가지고 전문적으로 보게 되었고, 그 과정에서 세균이 거의 없는 장기인 소장에 세균이 증식해서 문제가 생긴 소장 세균과다증식(SIBO) 환자분들도 많이 접하게 되었어요. 주로 설사, 영양 공급 장애 등을 호소하시는데, 사실 환자분들은 이런 증상들을 주증으로 내원하시지는 않거든요. 그래서 저는 초진을 볼 때 몸 전체 상태를 체크하고 SIBO, 담적과 같은 소화기 문제도 있다고 말씀드립니다. 환자 본인이 잘 모르시는 것들을 알려드리는 것이죠.

 그리고 요즘 정신과 약 드시는 분들도 많고 주변에도 공황장애를 앓고 계신 분들이 너무 많아서 관심을 가지게 되었습니다. 앞서 담적과 SIBO 등의 장의 문제를 넘어 통증 부위가 회복되었음에도 통증이 지속되거나 증폭되는 환자들에게서 뇌의 불균형 문제, 특히 공황장애 환자들이 많았던 경험도 영향을 미쳤습니다. 원내에 공황장애를 치료한다고 책자나 아크릴을 붙여놓으니, 환자분들 중에 침을 맞으러 오셨는데 공황장애 관련 증상을 호소하시는 분들도 꽤 계시더라고요.

 이처럼 계속해서 자신이 모르는 분야에 도전하고 환자를 봐야 합니다. 환자들은 한 가지 질환만 호소하면서 오시지는 않으며, 저희가 다른 질환들까지 발굴해서 치료를 해야 합니다. 그렇지 않으면 맨날 허리, 어깨에 침만 놓게 되는 것이죠.

Q. 기억에 남는 환자 케이스가 궁금합니다!
A. 잠을 못 주무시고, 숨이 가쁘고, 열이 나고 기운이 없던 할머니 환자분이 있으셨어요. 한의학적인 사고방식으로만 접근해서, 기운이 없고 잠을 못 자니까 귀비탕이나 보중익기탕을 드려야겠다고 생각했죠. 약을 드리고 별다른 차도가 없던 와중에 '심장 비대'가 번뜩이며 생각났어요. 연세가 드시면 어르신들께 심장 비대가 생기는데, 심장이 크게 뛰니까 상열하한(上熱下寒)증처럼 잠도 못 주무시고 기운도 없으신 증상이 나타난 것입니다. 심장 비대라는 접근으로 들어갔더니 답이 나왔고, 숨이 가쁘다는 것을 힌트로 소자강기탕이라는 처방을 지어드렸더니 호전이 되셨던 사례가 기억에 남습니다. 이처럼 심장 비대와 같은 질환을 한의약으로 치료해 줄 수 있다는 것이 한의학의 매력인 것 같습니다.

Q. 원장님의 인생 그래프를 그린다면 가장 뿌듯했던 순간이랑 가장 포기하고 싶었던 순간이 언제였나요?
A. 뿌듯했던 순간은 원하는 학교, 원하는 학과에 입학 합격 발표를 들었던 순간들이죠. 경제학과에 합격했을 때는 '내가 이런 곳도 들어오는구나!' 생각하며 기뻤고, 한의대에 합격했을 때도 '내가 진짜 한의사가 되는구나'하고 뿌듯했어요. 다만, 회사들에 합격했을 때는 덤덤했어요(웃

음). 회사라는 게 최고의 목표는 아니었기 때문에 덤덤했던 것 같습니다. 포기하고 싶었던 순간은 없었습니다. 행정고시를 2년 동안 준비하고 떨어졌을 때도, 회계사 공부를 6개월 동안 했을 때도, 야근했을 때도, 그냥 제 길이 아니려니 하고 뒤돌아서면 그뿐이었습니다.

Q. 계속해서 새로운 분야에 도전하는 원동력이 있으신가요?
A. 새로운 것을 재미있고 좋아하는 게 원동력인 것 같습니다. 익숙해지면 편해지나, 매너리즘에 빠지고 지루해지는 것을 잘 못 참는 성격인 것 같아요. 아직은 새로운 게 재미있어서, 한의원 말고도 다른 것도 해보고 싶어요. 50살이 넘어가고, 어느 정도 단계에 올라가면 몸이 노쇠하니까 새롭게 도전하기가 현실적으로 쉽지 않아요. 그래서 그전까지는 계속 도전해 보고 싶습니다.

Q. 어떤 분들에게 한의사라는 직업을 추천하시는지 궁금합니다.
A. 넓고 얕게 보는 것을 좋아하는 사람들의 스타일이 잘 맞는다고 생각합니다. 한 분야만 파서 그 분야를 심도 있게 들어가는 걸 좋아하시는 분도 있겠지만, 오히려 넓고 거시적인 관점을 좋아하시는 분들에게 더 맞을 것 같아요. 경제학에 비유하자면, 경제학에 거시경제학과 미시경제학이 있습니다. 큰 것을 위주로 보는 거시경제학적인 마인드를 가진 사람들이, 하나하나 미세하게 보는 미시경제학적 마인드의 사람들보다 어울린다고 생각합니다. 한의학은 '거시 의학'이라고 할 수 있겠네요.

 꼭 경제학만이 아니라 과학도 마찬가지예요. 거시 과학에서 천체를 보는 걸 좋아하는 사람, 천체의 움직임, 물리학에서 거시적인 큰 그림들, 보이지 않는 힘을 좋아하는 사람들이 있어요. 반대로 디테일하게 원자와 분자의 움직임, 유전자는 어떻게 되는지 등을 깊이 파는 걸 좋아하는 사람이 있어요. 미시적인 세계죠. 미시적인 세계와 거시적인 세계를 보는 관점은 다른데 신기하게 어느 순간 통해요. 한의학에서도 양 또는 음이 극하면 두 개가 만나는 것과 같습니다. 전체적인 것을 알고 싶어 하는 성향 외에도, 독립적인 일을 추구하되 사람을 좋아하는 사람에게도 한의사라는 직업을 추천합니다.

Q. 앞으로 한의사가 될 한의대생들에게 해주고 싶은 말씀이 있으신가요?
A. 한의원은 1차 의료 기관이자, 주치의 역할이 가능한 공간입니다. 앞의 답변과 유사하게, 돈을 벌어서 잘 사는 부의가 되고 싶은지 혹은 환자를 잘 치료해주고 싶은지를 정하는 것이 중요하다고 생각합니다. 크게 2가지로 추구하는 방향을 정하고 원하는 방향에 최적화된 한의원 모델을 찾고 탐구하는 것이 좋을 것 같습니다.

Q. 앞으로의 목표. 되고 싶은 한의사의 모습이 궁금합니다!
A. 의학의 최종적인 목표는 사람을 잘 치료하는 것입니다. 저는 환자를 잘 치료하는 한의사가 되고 싶습니다. 일반 의사의 치료율이 60%라면, 명의의 치료율은 80% 그리고 나머지 20%는 신의 영역인 것 같습니다.

Q. 앞으로 원장님께서 하시는 일이 이 세상을 어떻게 바꿀까요?
A. 한의학이 누구나 이해할 수 있고, 더 많은 사람이 찾는 의학이 되도록 바꾸고 싶습니다. 이해'받고' 이해'하는' 한의학 말이죠. 환자들에게도, 양의학에서도 이해할 수 있는 학문이 되었으면 하는 목표를 이루는 과정에 제가 조금이나마 도움이 되었으면 좋겠습니다.

한의학이 대중들의 언어로 쓰여있지 않기 때문에 세상을 설득하고 이해시키는 과정에 어려움이 있었습니다. 그래서 지금 이 시대에 누구나 공감할 수 있는 언어로 한의학을 다시 쓰는 것이 중요하다고 생각하여 '이해받는 환자, 이해하는 의학'이라는 책도 출판했습니다. 한의 치료를 통해 나은 사람들이 존재하기에 한의학이 명맥을 유지해왔지만, 이제는 한의학 자체가 이해받을 수 있도록 노력하고자 합니다.

머무르지 않고 항상 새로운 변화를 이루고자 하시는 원장님의 이야기에 큰 감명을 받았던 시간이었습니다. 한의학 자체가 대중들에게 이해받을 수 있도록 노력하시는 원장님의 앞길을 응원합니다!

Interviewer. 코알라
Writer & Editor. 코알라

잡지 에디터에서 한의사로, 최혜미 한의사 (3-3)

에디터 경험을 기반으로 여성 질환에 대해 말하다

'저는 퇴사하고 한의사합니다' 프로젝트 인터뷰! 대만드가 서울대학교 의류학과를 졸업하고 한의사로 이직하신 최혜미 원장님을 만나 뵈었습니다. 패션 에디터로 글을 쓰던 능력을 활용하여 여성 질환과 관련된 책을 저술하신 원장님의 이야기, 지금 시작합니다!

최혜미 원장님 약력
- 서울대학교 의류학과 졸업
- 동국대학교 한의학과 졸업
- (전) 〈W Korea〉 매거진 패션에디터
- (현) 달과궁한의원 대표원장
- 〈서른다섯, 내 몸부터 챙깁시다〉 (2019, 푸른숲) 저자
- 브런치 〈달과궁 프로젝트〉 연재 (https://brunch.co.kr/@moonpalace)

Q. 안녕하세요. 간단하게 자기소개 부탁드립니다.
A. 안녕하세요. 글도 쓰고 진료도 하는 한의사 최혜미입니다. 요즘 여자의 삶의 질을 높이기 위해서 일하고 있습니다. 현재 달과궁한의원을 운영하고 있습니다.

Q. 요즘 원장님의 일과가 궁금합니다.
A. 일주일 중 월, 화, 수, 토요일은 진료를 합니다. 진료는 오후 7시나 9시에 끝나지만 보통 진료 이후에도 밤 11~ 12시까지 한약을 처방하고 복약 안내서를 씁니다. 진료가 없는 목요일과 금요일에는 콘텐츠 작업이나 인터뷰와 같이 다른 일정들을 소화하고 주말에는 보통 아이, 가족과 함께 시간을 보냅니다.

의류학과 전공

Q. 첫 전공인 의류학과를 선택한 계기가 무엇인가요?
A. 원래 옷을 좋아했어요. 바느질도 잘했고 그림을 그리거나 예쁘게 입고 입히는 것도 좋아했습니다. 쉬는 시간에 친구들한테 미래의 웨딩드레스를 그려 주기도 했어요. 고등학교 때까지 공부를 너무 열심히 해서 대학에 가서는 좀 재미있는 것을 하고 싶다는 단순한 생각에 공부를 덜 하는 전공 위주로 찾아봤어요(웃음). 마침 의류학과를 보고 재미있을 것 같다는 생각을 했던 것 같습니다.

사실 고등학생이 진로를 선택하는 근거라는 게 어쩔 수 없이 단편적인 지식이나 고정관념뿐이잖아요. 저도 의류학과는 뚝딱뚝딱 옷 만들고 멋있는 패션쇼 보러 다니는 건 줄 알았어요. 학교에 따라 실제로 디자인 작업 자체에 집중하는 관련 학과도 있는데 서울대 의류학과는 꽤 학구적인 분위기여서 공부해야 하는 게 생각보다 많았어요. 그래도 정말 재미있었고 지금도 의류학과를 가길 참 잘했다고 생각해요.

Q. 패션 에디터에서 한의사로 이직을 결심한 계기가 궁금합니다. 또한 여러 직업 중에서 한의사를 선택하신 이유가 무엇인가요?
A. "나한테 이 직업이 지속 가능할까? 나이가 들어서도 이 일을 계속할

수 있을까?"라는 고민이 시작이었던 것 같아요. 현장에서 패션 에디터로 일하는 건 너무 좋은데 이 자리에서 끝까지 가면 결국 현장에서 떠나 관리, 감독하는 업무로 넘어가더라고요. 경력이 쌓이면 에디터를 통솔하는 헤드가 되어서 하는 일의 성격이 완전히 달라지는 거죠. 또 패션계는 항상 젊고 예리한 감각들이 치고 올라오기 때문에 아무리 열심히 해도 감각이 떨어지면 뒤처지는 세계입니다. 꾸준히, 열심히 만 한다고 이 일을 계속 잘할 수 있을까 고민이 많았죠. 내가 할 수 있는 일 중에 꾸준히 나이가 들어도 잘 할 수 있는 직업이 뭘까에 대해 오래 고민했고 결과적으로 한의사를 선택했습니다.

직업에 대해 여러 가지 생각을 하다 보니 내가 패션 에디터라는 직업과는 연애했다는 생각이 듭니다. 엄청 찐하게 사랑했고 완전히 빠져들어서 몸과 마음을 바쳤지만 이 친구랑 결혼은 못 할 것 같은 거예요 (웃음). 이런 의미에서 직업을 가진다, 혹은 어른이 되어서 일을 가지고 산다는 의미는 생활과 완전히 밀착된 결혼과 비슷한 것 같아요. 그 순간 엄청 열렬히 사랑하는 감정도 중요하지만 생활에 녹아들어서 함께 오래 살 수 있을까, 직업을 택할 때는 그런 고민을 해보는 게 어떨까 싶어요. 직업은 내 생활의 일부를 완전히 내어줘야 하기에 너무 사랑해도 힘들고 잘 맞는다는 감각이 필요해요. 사람을 만날 때처럼 직업에도 너무 환상을 가지고 있으면 택하기 오히려 어렵다고 생각합니다.

Q. 한의사라는 직업이 가지는 강점이 뭐라고 생각하시나요?
A. 한의사는 '나이가 들어도 지속 가능할뿐더러 오히려 더 무르익는 직업'이라고 생각합니다. 진료란 것이 사람이라는 대상을 통찰력 있게 바라보고 판단해 나가는 과정을 통해 이루어지기 때문에, 이 직업 안에서 성실하게 나이 든다면 그것만으로 사람을 보는 눈이 길러지겠지요. 나이가 들었다고 가치를 폄하받지 않는 직업이에요. 일의 성격으로 보아도 진료와 처방은 80대가 되어서도 할 수 있으니까요. 은퇴 없이 일할

수 있다는 건 매우 큰 장점입니다.

또한 다른 전문직과 마찬가지로 '나 자신이 핵심 역량이라는 점'이 강점입니다. 한의사로서 쌓은 실력은 한 번에 날려버리는 성격의 재산이 아니에요. 어디 가서 사기를 당하거나 사업이 망해도 나라는 자산이 남아있기 때문에 얼마든지 재기할 수 있습니다. 물론 그러기 위해서는 끊임없이 실력을 쌓기 위해 공부해야겠죠.

 이건 한의사만의 장점은 아니고 자영업의 장점이긴 한데, 회사에 다니고 월급을 받는 것과 달리 제가 최선을 다하는 만큼 결과가 나옵니다. 다만 역효과인지 너무 열심히 하게 되긴 하네요. 저는 한의사가 되면 야근을 안 할 줄 알았는데 아직도 야근의 늪에서 헤어 나오지 못하고 있습니다(웃음).

학부 시절

Q. 두 번째 대학 생활을 하면서 학부 시절에 어떤 학생이셨나요? 그리고 학창 시절에 기억에 남는 활동 혹은 고충이 있으셨나요?
A. 저는 오히려 스무 살 첫 대학생 때보다 한의대생일 때 더 대학생답게 보냈습니다. 성인이 되고 처음 대학에 갔을 때 약간 늦은 사춘기가 왔어요. 제 고향이 부산인데 처음 서울에 올라와 대학에 가보고 충격을 많이 받았거든요. 뭐랄까 서울 애들이 너무 서울 애들이고… 지금 말로 제가 MBTI 'I' 성형의 내향형 인간인데 서울말 쓰는 애들이 둘러싸고 부산 사투리 해보라고 하도 시켜서 제가 진짜 사투리를 빨리 고쳤어요, 주목 받기 싫어서(웃음). 아무튼 학교에서 잘 못 섞이고 오히려 학교 바깥 활동이나 대학생 기자, 인턴 등 외부 활동을 더 많이 했어요.
 동국대에 다시 들어갔을 때 저희 학번에 늦은 나이에 한의대에 다시 온

분들의 비중이 좀 높았어요. 그리고 뭔가 다들 성격이 자기들끼리 뭉치기보다는 현역 친구들과 자연스럽게 섞이는 분위기였어요. 저도 새터에서 처음 만난 동기 동생들이랑 여행도 많이 다니고, 동아리도 성실하게 하고, 학교 행사나 MT도 열심히 가고 그랬어요. 그리고 제가 본과 1학년 때 결혼했는데, 그 연령대 친구들에게 결혼이 흔치 않은 이벤트잖아요. 고맙게도 저희 동기들이 진짜 많이 와줬는데 선생님 결혼하면 제자들 와서 축하해주듯이 결혼식 분위기가 진짜 좋았어요(웃음). 당시 동기들이 깜짝 이벤트로 카드 섹션 동영상을 찍어서 결혼식장에서 틀어주었는데 정말 많이 울었어요. 그 영상은 제 일생의 가보로 간직하고 있습니다(웃음).

Q. 외부에서 보고 느꼈던 한의계의 모습(혹은 장단점)은 어땠나요? 그리고 한의계 내부에서 느끼고 계신 모습은 어떠한가요?
A. 사실 한의대에 오기 전에는 한의계를 잘 몰랐어요. '외부에서 보고 느낀 게 거의 없다'고 봐도 돼요. 안 좋은 인식보다 더욱 안타까운 게 무관심이잖아요. 한의학과 관련된 접점이나 경험이 많이 없었어요. 패션계에서 일할 때도 다이어트나 미용 시술을 제외하고는 접할 일이 없어서 인식 자체는 좋은 것도 없고 나쁜 것도 없다는 것에 가까웠습니다.
 이런 현실을 자각한 후에는 한의사로서 무엇보다 외부에 이 분야를 알리는 일이 중요하다고 생각하게 되었습니다. 한의사로 오는 사람 한 명 한 명을 정성으로 치료하는 것이 중요하지만 오지 않는 사람들에게 이 분야를 알리는 것도 못지않게 정말 중요합니다. 이 치료가 효과가 없어서 안 오는 게 아니라 어떤 치료를 할 수 있는지 몰라서 오지 않는 사람들이 더 많다고 생각하거든요. 한의사로서 글을 쓰고 책을 쓰는 것은 이런 부분을 알리기 위해서예요.

패션 에디터

Q. 에디터로서 하신 일은 무엇인가요?
A. 패션 에디터는 주로 현재의 트렌드를 읽고 분석하거나 시각화해서 보여주는 모든 일을 합니다. 사실 패션이라는 키워드 안에서 재미있어 보이는 일은 다 해요. 주로 유행을 분석하는 글을 쓰거나 아름답게 보여주기 위해 화보를 찍지만 그 세계 안에 있는 사람도 만나고 제품도 기획하고 파티도 주최하죠. 저는 일할 때 만화책이나 여행안내서를 만들기도 했고 심지어 영화도 찍었어요. 에디터는 전천후로 그 모든 일을 총괄하는 크리에이티브 디렉터의 역할을 하는 직업입니다.

Q. 에디터로서의 경험(이력)이 현재 한의사를 하면서 영향을 주는 부분이 있나요?
A. 패션 에디터와 한의사는 전혀 다른 분야지만, 일할 때 요구되는 역량은 꽤 겹쳐요. 다시 돌아가도 에디터를 거쳐서 한의사가 되는 게 좋겠다고 생각할 정도로 도움이 된 경험이었습니다.
 우선 생각나는 건 사람을 대하는 맷집을 얻었다는 겁니다. 패션 에디터도 '기자'의 일을 하기 때문에 사람들 만나는 게 곧 일이거든요. 더구나 그쪽 분야에 흔히들 말하는 '센캐(센 캐릭터)'들이 진짜 많아요. 자기주장 강하고 취향 예민한 분들께 둘러싸여서 해야 하는 일이에요. 저야 뭐 그분들이 정말 다정하고 좋은 분들인 걸 알지만(웃음) 어쨌든 그런 세계에서 사람을 대하고 다루는 노하우를 익힐 수 있었습니다. 한의사도 서비스직이고, 서비스직의 숙명은 누가 고객으로 올지 전혀 모른다는 거잖아요. 하지만 저는 폭력을 행사하지 않는 이상 아무리 센 분이 와도 별로 두렵지는 않아요. 아무리 세도 그분들보다 세진 않거든요(웃음).
 하나의 완결된 콘텐츠를 만들어서 세상 밖으로 꺼내는 일도 기자 일하면서 단련된 능력입니다. 개원하고 지금까지 한약을 처방 받는 환자들에게 각자의 상태, 진단, 처방, 복용법 등의 내용을 포함한 복약 안내서라는 것을 작성해서 드리고 있거든요. 한 사람당 A4 2~3장 분량인데 처음에는 한두 개여서 별로 부담스럽지 않았는데 요즘에는 하루에 12개까지도 쓰고 있어요. 한 사람 한 사람에게 맞춰서 쓰는 게 쉽지는 않지만 기자로 일하면서 글 쓰는 근력을 키웠기 때문에 할 수 있는 일이죠. 브런치에도 꾸준히 글을 쌓아가고 있고 그를 통해 책도 낼 수 있었던 건 다 그 시절의 훈련 덕분입니다.

 마지막으로 아름답고 세련된 것을 판단하는 감각을 체득한 경험을 들 수 있겠지요. '패션계'라는 곳은 특히 미적 감각을 높게 평가하는 세계입니다. 에디터 일을 하면서 장인이 한 땀 한 땀 만든 작품 같은 명품들을 많이 경험할 수 있었고 예술에 가까운 물건들의 가치를 배웠지요. 패션에디터로 일하지 않았다면 아직도 명품을 그저 허영이나 과시로 생각했을지도 모르지요. 한의학은 일견 그런 것들과 별로 상관없어 보이지만, 사업을 하면서 이런 감각을 갖고 있다는 것이 생각보다 장점으로 쓰일 때가 많아요. 브랜딩이나 디자인, 패키지의 중요성은 한의원이나 한약이라고 해서 비껴가지 않거든요.

 그리고 덤으로 마감이 있는 직업을 가진 환자를 정말 빠르게 분석할 수 있게 되었지요(웃음). 진단을 내릴 때 환자가 처해 있는 상황과 생활 패턴을 파악하는 데서 오는 정보가 많은데 마감이 있는 직업을 가져보니 스트레스도 심하고 생활이 불규칙해서 몸이 상하기 쉽더라고요. 저처럼 다른 직업을 경험해보았다는 건 그만큼 사람에 대한 이해의 지평이 넓다는 의미이기도 합니다. 그래서 처음부터 한의사로 사회생활을 시작한 것이 아니라 전혀 상관없는 다른 세계를 경험해 보았다는 것 자체가 의미 있어요. 꼭 패션계가 아니라도요.

Q. 혹시 미적 감각이나 센스를 배우는 꿀팁이 있을까요?
A. 일단 삶에서 그와 같은 감각을 갖는 것이 중요하다는 것을 깨닫는 게 가장 중요합니다. 저야말로 처음 패션계에서 일을 시작했을 때 아무것도 몰랐어요. 패션 씬에서 서울대 나온 사회초년생 따위 우물 안 애송이

에 불과했고 차라리 어릴 때부터 명품을 직접 만져보고 경험했던, 미학적 감각이 있는 친구들이 훨씬 잘나갔어요. 그만큼 많이 경험해보는 게 중요한 것 같아요. 전시도 보고 책도 읽고 여행도 다니고요. 그리고 돈 들여 멀리 가지 않아도 백화점 명품 매장에 들어가서 구경해보세요. 에르메스 스카프의 색감이 얼마나 정교하고 조화로운지도 직접 눈으로 보고 프라다가 나일론을 얼마나 예술적으로 활용하는지도 가서 만져보세요. 저는 그게 미술관에 가서 전시를 보는 것만큼 미적 감각을 기르는 데 유용한 훈련이라고 생각합니다.

그리고 나중에 돈을 벌면 꼭 아름답게 잘 만들어진 물건을 경험해 보세요. 카드지갑이나 열쇠고리처럼 작은 것이라도 좋습니다. 요즘에는 '명품'이란 단어에 여러 가지 오해가 묻어있지만, 진짜 명품은 이름있고 비싸기만 한 것이 아니라 엄청난 미학적인 가치와 장인의 노동이 배어있는 '작품'으로 소비하는 겁니다. 좋은 신발이 좋은 곳으로 데려가 준다는 말도 있지만 잘 만들어진 좋은 물건은 그 자체로 굉장한 힘이 있어요. 과시나 허영심이 아니라 잘 만든 물건이 지니고 있는 물성의 힘을 느껴보는 것을 추천해요. 좋은 물건 한 가지를 소유하고 오래 손때를 묻혀 함께 나이 들어가는 경험을 꼭 해보세요. 눈으로만 보는 것과는 전혀 다른 경험이 될 거예요.

부인과 진료

'요즘 여자 건강백서, 달과궁 프로젝트'를 '브런치'로 시작하시고, 책을 발간하셨습니다.
Q. 책을 출판하시게 된 계기와 자세한 출판 과정이 궁금합니다!
A. 사람들은 한의학을 잘 몰라요. 한의계에서 뭔가 하고 있다는 걸 외부에 알리기만 해도 엄청난 가치가 있다고 생각할 정도로 생각보다 인지

도 자체가 없어요. 그중에서도 특히 한의원에 관심이 없는 층이 젊은 여성이지요. 제가 주로 보는 여성 질환을 겪는 분들이기도 하고요. 그래서 알리기 위해 글을 쓰기 시작했습니다. 제가 실력이 뛰어나서 쓴 것이 아니라 사실 이 정도는 어떤 한의사라도 말할 수 있다는 걸 보여주고 싶었던 것도 같아요. 아이러니하게도 한의학적인 내용을 적극적으로 펼치지는 못했고 가능하면 한의학적 지식이나 호감이 없어도 사람들이 접근할 수 있도록 쓰고 싶었습니다. 나중에는 진짜 한의학의 내용으로도 매력적인 글을 쓸 수 있겠지요.

처음 브런치에 글을 연재하게 되었고 운이 좋게도 그 글이 브런치의 초기 프로젝트였던 '위클리 매거진'에 선정되면서 적극적으로 노출이 되었어요. 다음 포털 메인에도 걸리고 하루에 조회수가 수천 회를 기록하기도 했으니까요. 이후에 스무 곳이 넘는 출판사에서 출간 제의가 왔고, 그 중 한 곳과 출간을 진행하게 되었습니다.

특히 한의학에 관심이 없는 젊은 여성들이 접근할 수 있도록 풀어쓴 책이라니! 저도 한번 읽어보겠습니다~

Q. 부인과 질환에 관심을 가지게 된 계기가 무엇인가요? 부인과를 주 진료과목으로 선택하신 이유가 있을까요?
A. 일단 제가 여자라는 게 가장 큰 이유예요. 스스로 여성 질환을 많이 겪어보지 않았다면 이렇게까지 관심을 갖고 공부하지 못했을 것 같아요. 이 나이에 겪을 수 있는 부인과 질환은 거의 다 겪어봤거든요. 자궁근종으로 수술도 했고, 임신이 안 돼서 난임 관련 진료도 받아봤고, 월경통, 월경과다, 월경전증후군, 질염, 뭐 안 겪어본 게 없어요. 그런데도 저는 제가 건강하다고 생각했어요. 스스로 제 몸에 대해서 잘 몰랐던 거죠. 뭐가 문제인지 몰랐던 어린 시절의 저를 위해서, 지금의 나를 위해서, 미래의 저를 위해서 공부했어요.

그렇게 생각하면 저에게 오는 환자들은 모두 어느 시점의 제 모습이에요. 그래서 그분들을 대할 때 안타깝고 기꺼운 마음으로 치료하게 돼요. 제가 치료를 통해 좋아졌고 그분들도 저처럼 좋아질 것이라는 믿음이 있기 때문에 이 일이 지겹지 않아요. 실제로 호전되는 환자들이 많으면 진료가 정말 재미있어요. 한의학 공부를 덕질에 비유하자면 부인과가 저의 최애라고 할 수 있겠죠. 최애에 대한 애정이 아직 끝나지 않아서 계속 이 분야를 파겠지만 최애는 움직이는 것이니 앞으로는 또 다른 분야에 관심을 갖게 될 수도 있겠죠.

Q. 앞으로 여성 질환 치료에 있어서 한의학의 전망에 대한 원장님의 의견이 궁금합니다!
A. 개인적으로는 여성질환, 정신과 질환, 피부질환에서 특히 한의학이 경쟁력이 있지 않을까 생각해봤어요. 이 분야들의 공통점은 서양 의학에서 진단은 매우 발달해 있지만 치료에 명백한 한계가 있다는 것이라고 생각합니다. 제가 좋아하는 어떤 한의사 선생님이 '서양의학의 한계가 의학의 한계는 아니다'라는 말씀하셨는데 저는 이 말이 여성 질환의 치료에서 정말 기가 막히게 맞아떨어진다고 생각해요. 다른 분야도 그렇지만 여성질환에 대해 한의학의 진단과 치료 방법은 서양의학과는 완전히 다른 방식으로 세분되어 있어요. 일본은 의사들이 한약을 처방할 수 있는 권리를 갖고 있는데 가장 한약을 많이 처방하는 과가 부인과라고 해요. 그만큼 여성 질환에 한약이 매우 효과적이라는 뜻이겠죠. 진단은 촘촘한데 그에 맞춘 치료가 부족한 한계를 한의학으로 극복할 수 있다고 생각합니다.

Q. 환자를 진료할 때 원장님께서 가장 중요하게 생각하는 부분이 무엇인가요?
A. 초진 상담이 가장 중요합니다. 첫 상담은 치료라는 집을 짓기 위한 기초공사와 같거든요. 초진 상담을 성실하게 하면 진단에 활용할 근거가

풍부해지고 치료 계획을 정확하게 세울 수 있습니다. 또 치료 도중에 반응이 여의치 않아도 따라오는 환자들의 흔들림이 줄어요.

 또한 앞서 말한 복약 안내서를 활용합니다. 복약 안내서는 실제로 환자한테 말하듯이 편지처럼 써요. 당신이 여기 왜 왔는지, 어떤 증상을 주로 호소하는지, 어떤 것이 문제라고 판단했는지, 그렇게 생각한 근거는 무엇인지, 진단의 과정을 그대로 보여줍니다. 또 이렇게 치료하면 시간이 얼마나 걸릴 것 같다거나, 치료를 해도 100% 나을 수 없을지도 모른다거나 하는 말도 가감 없이 설명합니다. 앞으로 진행할 치료의 순서와 그에 따라 증상이 어떻게 좋아질 것인지도 알려줍니다. 그러면 환자들은 따라옵니다.

 사실 이름은 복약안내서지만 실제로는 '환자 교육 자료'와도 같습니다. 자기 몸에 대해 잘 몰라서 인지하지 못한 문제나 관리하지 못한 질환에 대해 알려줄 수 있는 정보들을 알려주는 과정이거든요. 초진 상담을 복기하는 과정이기도 합니다. 환자와 만나는 시간은 한정되어 있고 저와 나눴던 대화는 진료실을 나서자마자 휘발되고 100% 남아있기란 쉽지 않으니까요. 복약안내서를 주고받으면서 환자가 스스로 '내가 무슨 치료를 받고 있었더라, 뭘 지켜보라고 했더라'하는 나름의 계획을 갖게 되면 치료는 오히려 수월해집니다. 그래서 포기할 수 없는 과정이에요.
 다만 복약안내서 때문에 제 한의원에는 하루에 감당할 수 있는 한약 환자 수가 제한되어 있습니다. 복약안내서를 더 빠르게 쓸 수 있는 능력이 생기면 가능한 상담 환자 수를 늘릴 수 있겠죠(웃음).

Q. 인생 그래프를 그린다면? Up(가장 뿌듯) &Down(포기하고 싶었던 순간, 극복 방법)
A. 저의 인생 그래프는 계속 상향하고 있습니다. 다만 아직 정점은 오지 않은 것 같아요. 조금씩 끊임없이 올라가는 주식 같은 느낌(웃음)? 제가

'이만하면 됐지'라고 생각하는 성격이 아니라서 앞으로 계속 정점을 갱신하면서 발전하는 게 목표이기도 하고요. 반대로 크게 좌절해본 적이 별로 없어요. 운이 좋아서였을 수도 있고, 후회를 별로 안 하는 성격이기 때문일 수도 있습니다. 후회할 시간에 앞으로 치고 나가자는 쪽이라 어떤 일이든 다 이유가 있다고 생각해요. '힘들긴 했지만 지나고 보니 괜찮은 경험이고 거쳐야 할 과정이었겠지' 하고 말아요. 그래서 그런지 업 다운이 드라마틱하게 그려지지는 않더라고요(웃음).

 한편으로는 제 인생 그래프가 동그라미 모양 같기도 합니다. 인생이 프로젝트라, 시작해서 동그라미를 하나 완성하면 마무리해서 보내고, 또 새로운 동그라미를 시작하는 거죠. 몰두해서 동그라미를 완성하면 과거로 또 굴려 보내고… 완성된 동그라미를 쌓아나가는 느낌? 지금 생각해보니 첫 직장에서 마감하는 방식으로 일을 배워서 그 습관이 남아있는 것 같네요(웃음).

새로운 동그라미를 만들어가는 원장님을 응원합니다!

Q. 어떤 분들에게 한의사라는 직업을 추천하시나요?
A. 일단 '성실한 사람'이어야 할 것 같아요. 내향적인지 외향적인지와 별개로 혼자서도 중심을 잡을 수 있는 사람이면서 성실하게 반복적인 일을 해도 지치지 않는 사람이요. 생각보다 반복되는 루틴한 업무가 많은데 그걸 지루하다고 느끼지 않는 사람이 잘 맞는 것 같아요.

그리고 특히 한의사는 어느 정도 문과적 소양을 가지고 있는 사람이 잘 맞을 것 같아요. 한 사람의 상태를 마치 맥락이 있는 하나의 이야기처럼 읽어낼 수 있어야 하거든요. 의사의 진료가 수학이라면 한의사의 진료는 스토리텔링이라고 생각해요. 이 맥락을 잘 구축할수록 정확한 진단과 치료가 가능하고요.

Q. 지금 학교에 다니고 있거나 졸업을 앞둔 한의대생들에게 해주고 싶은 말씀이 있으신가요?
A. 한의학은 멋진 학문이에요. 아직 정량화나 정형화되지 않아 한계는 있지만 강력한 힘을 갖고 있습니다. 어떤 이유로든 이미 한의사로 세상에 나오기도 전에 공부하면서 좌절하는 학생들도 많은 것 같아요. 미리 좌절하거나 실망하지 말고 열심히 공부하면 상상한 것 이상으로 많은 것이 가능하다는 말을 해주고 싶어요. 좋은 직업의 기준이란 사람마다 다르겠지만 한의사는 좋은 직업이 될 가능성이 여러모로 높습니다. 그러니 미리 가능성을 닫지 말고 더 큰 꿈을 꾸시기를 바라요.

Q. 앞으로의 목표. 되고 싶은 한의사의 모습이 궁금합니다!
A. 한의사로서 환자를 잘 보고 싶어요. 저에게 오는 환자가 웃으면서 돌아갔으면 좋겠다는 마음이 제 생활의 많은 부분을 결정하거든요. 나아가서는 제가 중요하게 생각하는 삶의 방향성과 가치를 이루고 싶은 생각이 있어요. 그러기 위해 글을 쓰거나 목소리를 내는 일을 힘들어도 계속해나가는 것이겠지요.

한편으로는 함께 공부하는 후배들에게 긍정적인 비전을 주고 싶어요. 그래서 더욱 저 스스로가 어떤 의미로든 성공해서 좋은 본보기가 되고 싶습니다. 공부도 재미없는데 희망도 없고 '저렇게 되고 싶다'는 사람도 없으면 슬프잖아요. 가능하면 누군가의 롤모델이 되어서 한의사가 멋진 직업이라는 인식을 심어주는 희망적인 지표가 되고 싶어요. 그러려면 더 무던히 노력해야겠지요.

 좁게는 결혼이나 출산을 이유로 자기가 하고 싶은 일을 못 하는 여자 한의사들을 위한 환경을 조성하고 싶다는 생각도 있어요. 공부도 열심히 했고 의지도 있지만 여러 외적인 요인으로 자신의 역량을 발휘하지 못하는 상황은 안타까우니까요. '여자 한의사가 지속해서 일할 수 있는 환경이 무엇일까'에 대한 고민을 많이 합니다. 주 3일 근무와 같은 단편적인 생각부터, 여자가 잘할 수 있는 진료는 무엇일지에 대한 생각도 계속해요. 이러한 지표를 만들어서 일할 수 있는 장도 제공하고, 방향성도 공유해서 같이 나누고 싶어요. 근데 아직은 제 코가 석 자네요(웃음).

Q. 앞으로 원장님께서 하시는 일이 세상을 어떻게 바꿀까요?
A. 저는 세상을 바꾸진 못할 것 같은데요(웃음). 사실 세상을 바꾸겠다는 욕심이 없어요. 대신 한 사람의 인생은 바꿀 수도 있겠지요. 제가 1대多(다)에는 약한데 1 대 1에는 좀 자신 있거든요. 한 사람의 지독하게 아픈 곳을 치유하면 그 사람의 인생은 바뀔 수 있다고 생각해요. 그런 집념을 가지고 파고드는 편입니다. 제가 만나는 사람들의 세상을 조금씩 바꾸다 보면 이 세상도 조금씩 좋은 방향으로 달라질지 모르지요.

 한의학을 알리는 과정 속에 에디터 경력을 적절히 발휘하시는 원장님의 모습에 깊은 감명을 받았던 시간이었습니다. 편안하고 즐거운 분위기 속에서 이뤄진 인터뷰는 정말 즐거웠습니다. 앞으로 여성 질환 치료에 있어 한의학의 지평이 넓어지기를 진심으로 기원합니다! 원장님의 앞날을 대만드가 응원하겠습니다~

Interviewer. 코알라, 고슴도치, 비버
Writer & Editor. 코알라

교육가에서 한의사로,
한상윤 한의사
(3-4)

한의학교육실 최초의 전임교원, 한의대 교육을 말하다

대만드가 이번에 찾아뵌 분은 한상윤 교수님입니다. 교대를 졸업하시고 한의대 진학 후 현재 한의학교육실에 계신, 교육 전문가의 아우라가 가득한 분이신데요! 교수님과의 인터뷰를 위해 경기도의 한 카페에 방문했습니다. 교육에 대한 열정이 넘치시는 교수님의 이야기, 지금 시작합니다.

한상윤 교수님 약력
- 서울교육대학교 졸 (학사)
- 부산대학교 한의학전문대학원 졸 (한의학석사)
- 부산대학교 일반대학원 한의학과 졸 (한의학박사)
- (현) 대전대학교 한의과대학 한의학교육실 조교수
- (현) 한의학교육연구회 회장
- (전) 부산대학교 한의학전문대학원 외래교수
- (전) 다솜채한의원 원장
- (전) 서울대학교 의과대학 의학교육학교실 박사후 연구원(Post-Doc.)

Q. 안녕하세요. 간단하게 자기소개 부탁드립니다.
A. 안녕하세요. 저는 한의사 한상윤이라고 합니다. 박사과정을 마치고 연구원, 포스트닥터 과정(이하 포닥)을 밟은 후 현재는 대전대학교 한의학교육실에 있습니다. 잘 부탁드립니다.

Q. 요즘 교수님의 일과, 일주일 일정은 어떻게 되시나요?
A. 딱히 새로운 일정이 들어갈 틈이 없는 루틴한 삶을 살고 있습니다. 일단 한의대 교육과정 개편이나 진료수행평가(CPX), 학생지원 프로그램 등 다양한 한의학교육실 업무를 총괄하고 있고, 제가 맡고 있는 여러 수업의 수업자료들을 만들고 있어요. 또 개인적인 연구 논문 작업도 합니다. 최근에는 교육에 대한 전문성을 더욱 갖추기 위해서 교육학을 다시 공부하고 있습니다.
기존 각 교과 담당 교수님들과는 달리, 한의학교육실 소속 교원은 본인이 맡은 교과 교육뿐 아니라 개인 연구와 더불어 기초와 임상 교육과정, 임상 실습 과정 등의 개선과 발전을 위해 일해야 하니 업무 부담이 많을 수 밖에 없는 실정입니다. 그래서 대개 새벽까지 연구실에 있을 때가 많습니다. (웃음)

Q. 하는 일이 정말 많으신데요!
A. 그래도 전보다는 시간적 여유가 있는 것 같아요. 개원도 했었고 서울의대에서 포닥 과정을 밟았는데 그때는 너무 바빠서 치아가 많이 안 좋아져도 치과 갈 시간이 없었어요. 최근에는 신경치료를 했는데 치과 갈 시간이 나는구나 새삼 느꼈죠. (웃음)

Q. 국내 최초로 한의학교육실 소속 전임교원이 되셨는데, 전임교원으로서 어떤 역할을 맡고 계신지 궁금합니다!
A. 현재 가장 큰 역할은 교육과정 개편작업이에요. 대전대에서 교육과정 개편 작업을 통해서 과목별로 분절되어있는 교육과정을 통합교과로

바꾸고자 하는데, 제가 이 작업을 맡게 되어서 올해까지 할 것 같습니다. 크게는 통합교과의 도입으로 요약해볼수 있겠지만, 그 외에도 임상역량 강화 프로그램, 학생 생활 관리 프로그램, 유급방지 프로젝트, 한의대 교육문화 정착 등 다양한 기획을 하고 있어요. 한의학교육실의 실질적인 기능과 역할을 만들어가는 중입니다.

몇몇 학교에 한의학교육실 이라는 기구가 존재하고 있지만 제대로 기능하지 못하는 것으로 알고 있어요. 머지않아 모든 학교에 한의학교육실이 설치되고, 한의학교육 전반을 컨트롤하는 역할을 맡게 될 것이라고 예상하고 있어요. 대전대학교가 한의대 중에는 처음으로 한의학교육실 소속 전임교원을 신규채용했어요. 운이 좋았던 것 같습니다. 제가 성과를 내서 대전대 한의학교육을 개선, 발전시키는데 일조를 하고 동시에 전체 한의학교육에도 영향을 주고 싶다는 마음으로 교육실 업무에 열심히 임하고 있어요.

Q. 이번에 새로 출범한 한의학교육연구회에서는 어떤 일을 하시나요?
A. 그동안 한의학교육실 일을 하면서 절실히 느꼈던 것은 개인의 힘으로만 교육 개선은 이루어지지 않는다는 것입니다. 한 학교의 교육을 개선하기 위해서는 여러 교수들과 학생들이 힘을 합쳐야 하고, 전체 한의학 교육을 개선하기 위해서는 한 두개 학교가 아니라 전체 한의과대학이 참여하여 협력해 나가야 하는 것이지요.

그런 의미에서 한의학교육학회가 없다는 것이 매우 아쉬웠는데요. 학회 창립은 대전대학교 전임교원으로 발령받을 때부터 제 마음속에 세웠던 여러 목표 중 하나였습니다. 그 목표를 이번에 실행에 옮겼다고 할 수 있겠네요.

한의학교육연구회는 한의학교육에 관심 있는 각 학교 교육 전문가와 실무자들이 모여 학술공동체를 만든 것이고, 실질적인 한의학교육의 개선을 위해 정보 공유, 학술 교류 활동을 하고 있습니다. 한국연구재단 등재지를 목표로 한의학교육학회지를 발간할 계획을 가지고 있습니다.

앞으로 이 학회를 통하여 한의학 교육과정 및 평가 등 교육 제도 전반에 대해 검토하고 합리적인 개선점을 도출하면서 한의학교육 발전을 도모하고자 합니다. 많은 관심과 응원 부탁드립니다.

Q. 대만드에서도 응원드립니다! 교대를 나오신 후에 한의대에 입학하셨는데. 어떻게 진로를 변경하게 되셨나요?
A. 원래부터 한의사가 되고 싶었어요. 그런데 제가 수능을 봤을 때가 9말 0초로 한의대 커트라인이 상당히 높던 시절이었죠. 수능을 계속 봐도 해마다 아깝게 떨어졌는데 나이가 들면서 수능을 계속 볼 수가 없었어요. 그래서 의학 대신 교육으로도 사람을 살릴 수 있겠다는 차선책으로 교대를 갔어요. 가서 4년 동안 여러 활동도 하면서 열심히 다녔지만 길을 걷다가도 한의원 간판만 보면 마음이 울렁거리더라고요. 인생이 한 번뿐인데 후회 없이 살고 싶어서, 일단 수능을 여러 번 봤으니 졸업할 때까지는 여기에 최선을 다하고, 졸업할 즈음에도 계속 같은 마음이면 그때 다시 도전해보자 마음을 먹었어요. 그런데 교생실습을 가는데 너무 행복한 거예요. 초등학생들을 가르치러 왔는데, 학생들한테 오히려 많은 것을 배웠고 교육이 저한테 잘 맞다는 것을 알았어요. 교사도 천직이었는데, 다만 더 하고 싶었던 게 한의사였던 거죠.

그렇게 교대를 다니다 몇 년이 지난 후 부산대에 전문대학원 제도가 있다는 것을 알고 MEET 시험 준비를 시작했어요. 보험으로 LEET도 같이 접수해서 준비했는데 둘 다 결과가 잘 나와서 최종적으로 부산대 한의전에 입학했죠. 한의대를 다니면서 실망하고 의학을 동경하는 학생들도 있는 반면, 저는 그 반대였어요. 그렇게 원해서 들어왔는데, 제가 생각한 것 이상이었어요. 공부하다보니 한의학을 너무 사랑하게 되었고, 다시 태어나도 이 학문을 하고 싶다는 생각까지 든답니다.

Q. 교육 관련해서 많은 것을 하셨는데. 관련 내용들이 궁금합니다!
A. 한의학을 공부하고 싶었던 계기가 가까운 지인의 질병 때문이었어서 원래는 임상의가 되는 게 목표였어요. 그런데 입학해보니 한의대 중 가장 나중에 설립된 학교였고 시설도 좋은 학교라서 만족스러운 부분도 많았지만, 언젠가부터 한의학이라는 학문 자체를 보다 합리적이고 체계적으로 공부하면 좋겠다는 생각을 했던 것 같아요. 교육학을 전공한 베이스가 있기도 해서 제 눈에는 개선할 점 위주로 봤던 것 같습니다. 개인 한의원에서 진료를 하면 나를 찾아오는 사람에 한정적으로 영향을 줄 수 있지만, 교육을 개선하고 한의사의 역량을 향상하면 학문 발전에 이바지 할 수 있고, 수많은 환자들에게 간접적인 영향을 줄 수 있다는 생각이 들더라고요. 그래서 저는 교육을 개선하고 싶었어요.

먼저 제가 만들었던 수화 동아리가 있어요. 학부 때부터 장애인 봉사에 관심이 많아서 수화를 배웠었어요. 농인은 아파도 병원을 못 가요. 통역사가 너무 한정되어 있어서 서울의 환자가 부산까지 내려와서 통역사를 고용한 병원을 찾아가야 해요. 그리고 나한테 오는 환자가 농아인일 때 의료인이 환자를 보지 않고 통역사와만 대화하게 되는 경우가 많은데, 이렇게 되면 환자가 소외되는 것이 가슴아팠어요. 저는 환자의 눈을 보고 한마디라도 더 하고 싶었고, 혼자 수화를 오랫동안 배웠었는데 저만 알고 있는 것이 아까워서 수화를 할 줄 아는 한의사가 전국으로 퍼지길 기대하는 마음에서 수화동아리를 만들었습니다. 그래서 학생들에게 수화교육을 매주 했습니다. 회원도 증가하면서 너무 재밌었고 애착을 가지던 동아리였죠.

그리고 편집위원회 활동을 했어요. 책 읽고 무언가를 기록하는 걸 좋아해서 시작했고 열심히 하면서 편집장이 되었어요. 당시 전한련의 활동이 일반 학우에게 전달되는 것이 거의 없었는데, 한의계의 현실을 알리는 언론기구를 만들어야겠다는 생각이 들었어요. 전국 12개 한의대 편집장들 번호를 수소문해서 한의대 언론기구를 만들고 싶다고 알음알음 연락했더니 그 학생들이 전국에서 서울로 모이는 드라마틱한 일이 일어났어요. 종로에서 한의대 편집위원회 회의가 열리고 제가 초대 회장을 맡게 되었어요. 한의사 의료기기 사용을 촉구하는 대자보를 한날한시에 붙이고, 이게 화제가 되어서 한의신문이랑 민족의학신문에서 인터뷰를 하고. 많은 일들을 했었죠.

부산대에는 본과 4학년 2학기 때 6주 동안 특성화 실습, 4주 동안 선택 실습을 하는 '선택 실습 특성화 실습' 커리큘럼이 있어요. 6주간은 한의의료기관이 아닌 외부기관에서 위탁 실습을 하고, 4주간은 한의의료기관에서 실습을 하죠. 저는 6주간 원래 생각이 있던 서울의대 의학교육학교실로 갔어요. 운이 좋게 서울의대에서 새 교육과정으로 바뀌던 시즌이라 교육과정이 바뀌는 과정을 접해보고 의대에서는 어떻게 교육하고, 교수님들의 교수법 연구는 어떻게 하고, 트레이닝은 어떻게 시키고 이런 걸 직접 보고 배웠죠. 6주간 같이 작업한 결과물로 공저자 논문도 썼는데, 한의대생이 처음으로 공저자로 들어갔다고 하더라고요. 저를 잘 봐주셔서 박사과정 진학을 권유해주셨는데, 지금 생각하면 서울의대를 가도 좋을 뻔했어요. (웃음)

Q. 그럼 생리학 박사신가요?
A. 학위 전공은 굳이 말하자면 생리학이에요. 부산대는 생리학 교실, 해부학 교실 이런 게 없어요. 50명의 교수가 있으면 50개의 LAB이 있는 거예요. 그래서 무슨 전공이 아니라 그냥 한의학 박사로 표기됩니다. 부산대에서 한의학 박사과정을 밟으면서 서울의대 교수님들과도 좋은 관계를 유지해왔는데, 감사하게도 포닥을 권유해 주셔서 박사 마치고 바로 서울의대에서 포닥을 시작했죠.

Q. 정말 다양한 곳에서 활동을 하셨네요!
A. 짧게 설명하기가 힘들죠(웃음) 교육학과 관련해서는 의학 교육이 어떻게 이뤄지고 있는지 본 4 특성화 실습 때 봤고, 포닥 과정을 밟으면서 이를 배워서 한의학에 접목하고픈 욕구가 있었죠. 그렇게 시작된 길이 여기까지 왔어요. 한의계는 아직까지 교육에 대한 관심이 부족해요. 사회는 급변하는데, 옛날 방식의 교육이 여기저기 남아있죠. 의대 쪽에서는 교육을 연구하고 발전을 거듭하고 있어요. 의학교육학에서는 학생의 선발 방식부터 교육, 평가, 어떤 의료인을 배출 양성할지 체계적으로 연구해요. 한의계에는 아직까지 이런 연구가 전무한 수준이지만, 문제의식을 가지고 공부를 하는 사람들이 이제 막 생기기 시작했어요.

Q. 그런 문제의식 속에서도 의학이 아닌 한의학에 관심이 있었던 이유가 있을까요?
A. 패러다임의 차이 때문이에요. 제가 개인적으로 가까웠던 사람이 질병으로 고통스러워할 때 국소적인 접근과 치료에 의문을 가졌었어요. 그 방식이 최선일까 하는 생각이 계속 들었죠. 상대적으로 동양적인 패

러다임을 가진 한의학이 좋았어요. 제 미래가 어떻게 될지는 모르겠지만, 한 가지 분명한 점은 저는 한의학에 엄청난 자부심을 가지고 살아가고 연구할 것이라는 점이에요. 한의학은 그만한 가치가 있다고 생각합니다.

한의학교육실 최초의 전임교원, 한의대 교육을 말하다

Q. 한의대 교육을 하면서 뿌듯했던 적이 있으신가요?
A. 학생들이 저를 힘내라고 응원해주거나 교육에 대한 저의 진심을 알아줄 때가 있어요. 그 때 사실 많은 감동을 받습니다. 하지만 한의학교육의 개선을 통한 성취감같은 것은 아직까진 오지 않았어요. 다만 미래에는 기대가 됩니다. 앞으로 할 일이 많고 변화 개선할 수 있는 여지가 많거든요. 서울의대 의학교육학교실에서 배운 가장 큰 부분은, 어쩌면 모호할 수 있는 교육학적 이론들을 실제로 구현하는 것이었어요. 이론의 도입, 적용을 통해, 그 효과가 확실히 구별되도록 해요. 그런 점에서 볼 때, 바람직한 교육의 방향을 찾고 변화시킬 수 있는 부분이 한의학에는 많아요.
제가 한의학 교육을 하는 이유는 후배들이 훨씬 더 나은 환경에서 의료행위를 했으면 하는 바람이 있기 때문이에요. 더 나은 임상역량을 가지고 졸업해서 자신있게 한의사로 활동하면 좋겠어요. 그러기 위해서 의대 교육과정을 무조건적으로 모방하는 것은 능사가 아니고 우리의 특수성을 살려야 한다고 생각해요.

Q. 의대 교육과정만 모방하는 게 아닌, 한의대만의 자체적인 교육과정을 개발한다면 무엇이 관건이 될까요?
A. 세계적으로 의학교육의 추세는 임상 역량의 강화예요. 양방에서는 역량중심 교육과정이 이미 많이 퍼져있어요. 이를 위해 많은 시간을 들

여 연구했는데, 한의계는 그런 시간이 별로 없었어요. 2023년부터는 국시도 CBT로 바뀌어요. 이를 대비해서 의학계에서는 10년 이상 연구해왔고, 부작용 최소화, 완충작용을 하면서 이뤄낸 변화예요. 한의계는 너무 단기간에 변화하려고 하는 것이 문제예요. 시대적 상황도 변화를 요구하고 있고, 내부적으로도 마음이 급해서 어쩔 수 없지만 너무 조급하게 양방 쪽의 기준에 맞춰서 우리를 평가하지 말고 소통을 해야 해요.

교육 개선에서 가장 중요한 것이 '소통'이에요. 기존 교수님, 기존 방식이 잘못되었더라도 그들을 배척하는 게 아니라 그 의견들을 존중하면서 소통해야 하고, 교육의 한 축인 학생들과도 소통해야 하죠. 지금의 교육과정 심의위원회(교심위) 같은 곳에도 학생들이 많이 참여해야 하고, 학생 위주의 교육이 이뤄져야 하죠. 단적인 예로, 어떤 교수님한테 찍혀서 성적이 안 나온다 이런 비상식적인 얘기가 나와서는 안돼요. 평가에는 근거가 명확해야 하고, 학생들에게 피드백을 해주어야 합니다.

교육 개선에서 가장 중요한 것은 '소통'입니다.

교육과정 개편에는 두 가지 진리가 있어요. 1) 언제나 저항이 뒤따른다. 2) 언제나 예산이 부족하다. 모두가 만족하는 개편은 없어요. 누군가는 불만과 반발이 있는데, 부작용 완충을 위한 시간과 노력의 여유가 있어야 해요. WFME 기준으로 한의대를 만들겠다고 하는데, 국내 의대도 그 기준을 맞추려고 허덕여요. 우리가 가야 할 길은 우리의 정체성, 특수성을 지키면서 교육의 방법을 찾는 합의를 이루는 것이에요. 그러면서 일정 부분 의대의 시스템을 차용하는 거죠. 지필고사 형태의 죽은 지식보다는 임상 역량을 강화해서 실제 환자가 호소할 때 어떻게 변증하고 티칭 하느냐가 중요해요. 그리고 학교 교육만으로 독자 진료가 가능해야 하죠. 그런면에서 임상술기교육 OSCE, CPX 가 중요하다고 생각하고, 하나씩 개선해나가기 위해 노력하겠습니다.

Q. 한의대 내 교육과정 개편에서 가져야 할 방향성은 뭐가 있을까요?
A. 현재 건강보험재정 95% 이상이 양방이고 한의계는 그 5% 내에서 서로 갈등하고 있어요. 파이를 키워야 해요. 남학생들은 물리치료사도 아닌데 졸업 이후 다들 추나를 익혀요. 이것도 좋지만, 내과질환이 무너지면 의학으로서 기능을 상실한다고 생각해요. 학생들은 약 처방해 본 경험이 없으니 졸업후에도 약 쓰는 것이 두려워서 처방을 못하죠. 일부 사례일 수 있지만, 이게 현실이에요.
임상에 대한 자신감을 키워야 하고, 그러려면 그만큼 교육을 잘해야 해요. 임상교육을 더 강화해야 되고, 졸업을 했다면 환자 보는걸 두려워하지 않아야 하는 거죠. 한의계를 지배하고 있는 패배주의. 저는 이걸 배격해야 된다고 생각해요. 요즘은 의대를 못 가서 한의대에 왔다는 학생들도 많지만 이 학문이 질병 치료에 있어서 충분히 가치가 있는 학문이라는 걸 알면 좋겠어요.

Q. 현재 한의학 교육에서 잘 이뤄지고 있는 점이 있다면?
A. 예전에 경희대 한의학관에 갔을 때, 교육심의위원회 회의 결과를 화장실에 붙여놓은걸 보고 인상적이었어요. 이렇게 공지를 해줘야 해요. 역량중심 교육과정도 처음엔 낯설었지만 이젠 적어도 명칭이 익숙하게는 됐잖아요. 이렇게 조금씩 인식 확산이 되고 있는 게 잘되고 있어요. 뭔가 개선하고 학생 위주로 나아가려는 조짐이 보여요. 근데 아직 학교별로 차이가 있어서 화두를 자꾸 던져야 해요. 학생들이 학생 입장을 자꾸 제기해야 되죠.
다시 한번 말하지만 소통이 제일 중요해요. 아무리 좋은 제도도 소통 없이는 반발만 따를 뿐. 예산이 부족하고 반발이 많지만 이를 이겨내고 하려면 소통이 필수적이에요. 저는 개인적으로 '한의학 교육의 현재와 미래'라는 칼럼을 연재하다가 요즘은 못하고 있는데, 이제 학교도 갔으니까 한의대 현장에서 느낀 것을 원고로 쓰려고 마음은 먹고 있어요. 여유 있을 때 다시 써봐야겠어요.

Q. 칼럼에서 읽은 '교육은 좌절이다'라는 말이 매우 인상 깊고, 공감되었습니다. 교수님께서 겪으신 좌절이 있었다면 어떠했는지, 지나간 일이라면 어떻게 극복하셨는지 궁금합니다.
A. 좌절의 연속이었어요. 교육은 좌절할 수밖에 없어요. 열을 가르친다고 열을 다 흡수하는 게 아니니 효율을 높이려고 애쓰는 것일 뿐이죠. 그리고 좌절을 느끼는 것은 곧 극복할 힘이 있다는 거예요. 좌절을 보지 못하는 게 진짜 문제이지, 좌절을 느끼는 건 문제의식을 갖고 있다는 것이니 같이 손잡고 개선시키면 돼요.
비슷한 생각을 하는 사람들과 교류하며 의견을 구하고 나 자신도 반성하고 그러면서 좌절을 극복했던 것 같은데요. 사실 완전한 극복이란게 있을까 싶네요. 교육 개혁에 의지를 가진 분들이 각 학교에 한둘씩이라도 퍼져있다면 교육 현실은 달라질 것이라 생각합니다. 그런 각오로 제가 속한 학교를 발전시키려 하고 있고, 여러분도 충분히 저의 손을 잡아주시면 좋겠어요. 대만드 활동 자체도 상당히 진취적이에요. 한의계는 좁으니, 앞으로 우리가 몇 번이라도 더 만날 수 있을 거예요.

Q. 교수님이 개원의이던 시절 얘기도 궁금합니다!
A. 처음 개원했을 때는 코로나 시국이기도 했지만 환자가 하루에 한 두 명 왔어요. 적자였지만 저는 치료율로 승부를 보겠다는 생각이었고 제가 학교에서 받은 교육으로만 한번 해보자는 각오가 있었어요. 그래서 어떤 임상강의도 듣지 않고 오로지 학교에서 배운 지식 수준으로 한의원을 운영했어요. 그런데 치료가 잘 됐어요. 물론 학부생 때 한의학 관련 책을 많이 읽은 것도 있어요. 그렇게 저는 한의학에 관심이 많았고 학생 때부터 공부도 많이 하고 처방도 많이 경험해봤기 때문에 다른 사교육 없이 임상에서 그나마 버틸 수 있었다고 생각합니다.
개원 생활도 경험했지만, 학교로 온 저는 지금 행복합니다. 여러분들도 학교에 많이 남으시면 좋겠어요. 물론 개원보다 돈은 안 되겠지만 또 바꿔서 생각하면 개원은 면허 한 장만 있으면 언제든지 할 수 있는 거잖아요.

Q. 의대에서 포닥을 하면서 주로 어떤 일을 하셨고, 어려운 점이 있으셨는지, 그렇다면 어떻게 극복하셨는지 궁금합니다.
A. 한의사 중 지금 의대에서 박사과정이나 연구원으로 활동하는 사람도 많이 있습니다. 의학 교육학 쪽은 별로 없지만요. 의학교육학의 특성에 대해 말씀드리자면 다른 전공과는 조금 차이가 있어요. 어느 학교나 의학교육학 교실은 MD와 non-MD가 있고, 두 집단의 비중의 차이는 학교별로 조금씩 다른 것 같아요. 그래도 의학교육학은 non-MD가 속해있어서 한의학 등 다른 학문을 배척하지 않는 분위기가 있는 것 같아요. 우호적인 분위기가 좋았어요.
당시 제가 했던 일은, 서울대 병원 전공의 교육과정 개편 작업을 했어요. 전공의 교육과정을 바꾸고, 외래진료는 몇 시간 하게 하고, 논문 연구는 어떻게 시키고, 어떤 전문의를 양성할 것인가 연구하는 거죠. 저는 여기에 박수를 보냈어요. 제 주변 수련의하는 사람들도 이 얘기를 들으면 다들 부러워하죠. 6년제 한의대 교육과정도 바뀌어야 하지만, 병원 수련과정도 개선해야 한다고 생각해요.

Q. 부산대에서 교육을 받던 입장에서 이제 교육을 하는 교수님으로 바뀌게 되셨는데. 크게 달라진 점이 있나요?
A. 받는 입장에서 하는 입장이 되니까 어떻게 교육하면 전달이 더 잘되겠다 하는 게 느껴져요. 받는 입장에서는 학교 내 제도나 시스템이 어떻게 만들어지는지 모르고, 받은 후 맘에 드는지 안 드는지 평가를 할 수만 있었죠. 그런데 이제 교육과정을 만드는 데에 참여하다 보니 아 이건 바꾸고 싶어도 구조적으로 어렵구나, 이건 조금만 노력하면 충분히 바꿀 수 있구나 하는 것들을 느끼는 경우가 많습니다. 다행히 대전대는 학장님과 모든 교수님들이 저한테 전폭적인 지지를 보내주셔서 활동하기 수월해요. 그런데 보수적인 교수님이나 그런 학풍이 지배적이라면 쉽지 않을 거예요.
사실 교수님들의 교육에 대한 관심을 높이고, 인식을 바꾸는 일이 가장 어렵고 힘든 일이지만 필요한 일이라 생각합니다. 교육을 받을 때는 단순히 호불호만 있었다면, 교육을 하는 입장에서 책임자가 되고 나니 이건 좀 빨리 해야겠다, 이건 나중에는 꼭 해야 한다 이렇게 단계를 나누게 돼요.

Q. 한의학 교육의 현재와 미래를 한 단어로 표현한다면?
A. '가자!' 앞으로 나아가자는 의미입니다. 반성이나 확인없이 정체된 상태로 오랫동안 한의학교육이 이뤄져왔다고 생각하는데, 이제 미래를 향해서 나아가자 발전하자는 의도로 한마디 '가자!'라고 말하고 싶습니다. 갈 길이 아직 멀다는 의미도 될 수 있겠네요. 그래서 '가자!'는 한의계 전체에 던지고 싶어요.

Q. 학생들이 한의학 교육의 수요자로서 가져야 할 생각과 태도가 있을까요?
A. 두 가지예요. 지금의 교육이 내 의술에 도움이 되는가 하는 비판적인 수용, 그리고 자부심과 자신감. 현재에는 의료의 제한이 있지만 이 안에서 할 수 있는 것도 많고 우리가 치료할 수 있는 질환이 너무 많아요. 의학은 실용학문이고, 그래서 임상이 우선돼야 해요. 극단적으로 이야기한다면, 아무 근거 없는 치료법도 임상에서 결과를 보이면 유효해요. 한의학은 임상적으로 뛰어난 성과가 있으니 자신감을 가지고 한의학 공부를 하세요. 동시에 비판적으로 수용하세요. 이것보다 더 나은 제도, 시스템을 고안할 수 없는지. 어떻게 최대한의 실력을 쌓을지. 보통 무감각해져서 고민을 안 하는데, 비판적으로 고민하는 시간을 가지는 것이 필요합니다.

Q. 대만드가 다음에 만나면 좋을 사람을 추천해주세요!
A. 대만드에서 출판한 책을 읽어봤는데 상당히 다양하게 만나봤더라고요. 제가 추천드리고 싶은 분은 조성준 한의사님이에요. 강남에서 화상 전문 진료를 하고 계시는데, 남들이 가지 않는 길을 가는 게 멋있다고 생각해요. 그리고 화상을 침으로 다루는 것 자체가 한의계 영역을 개척한 거고요. 이 외에도 학교에 계신 분 중에 뛰어난 성과나 남다른 마인드를 가진 분이 계신다면 만나보면 좋겠어요. 임상분야보다는 기초, 연구 쪽에 조명을 비춰주는 것도 대만드의 중요한 역할이 될 수 있을 것 같아요. 아무래도 다른 학생들이 대만드가 아니라면 쉽게 접할 수 없는 분들일 테니까요.

Q. 앞으로의 행보와 이루고 싶으신 목표가 있으신가요?
A. 한의전 들어가고 너무 행복했고, 지금도 너무 바쁘지만 그만큼 행복하고 학생들 교육을 할 수 있어서 정말 행복해요. 앞으로 더 바빠질 것이지만 제가 하고 싶은 일을 직업으로 삼았기에 행복할 수 있는 것 같아요.

여러분들도 꼭 행복한 한의사의 인생을 사시기 바랍니다. 자부심과 자신감을 가지고. 저는 제가 있는 곳에서 여러분들이 더 자신 있고 활발하게 진료할 수 있도록 노력하는 역할을 하겠습니다. 어디다 내놔도, 양방과 비교해도 손색없는 한의학교육 체계를 만들고 싶습니다. 교육이 잘 안 돼서 못한다 이런 소리 안 듣도록 한의학교육 개선하는데에 앞장서 겠습니다.

한의대를 다니면서 한번쯤은 학교에서의 교육에 아쉬움을 느끼는 순간이 있을 것 같습니다. 그럴 때마다 학생들에게 관심을 갖고 열심히 강의해주시는 교수님들께 감사함을 느끼게 됩니다. 인터뷰 내내 한의학 교육과 학생들의 미래에 대해 열변을 토하시는 교수님의 모습이 너무나도 멋있고 감동적이었습니다. 바쁜 일정 속에서 시간 내주시고 값진 인터뷰를 해주신 한상윤 교수님께 다시 한번 감사드립니다!

Interviewer. 거북이, 참새, 용
Writer. 코카

부록
- 한의학의 세계화
- 국가의료에 참여하는 한의사

한의학의 세계화

세계보건기구(WHO)는 세계 전통의약에 대한 적극적인 정책을 추진하고 있습니다. 한국한의학연구원과 경희대 동서의학연구소가 WHO 전통의학 협력센터로 지정되어 있으며 한약물의 안정성, 올바른 사용 및 상호작용 등 한약의 과학적 근거기반 향상을 위한 WHO 사업 협력, WHO 전통의약 지역전략 개발 및 전통의약 국제 분류 개발 지원 협력, WHO 전통의약 지역전략 실행 및 WPRO 개발도상국의 전통의약 전문인력 개발에 대한 지원 협력 등의 분야에서 활동을 하고 있으며 이를 통하여 한의학의 국제적 위상 및 경쟁력 향상을 기대하고 있습니다.
더불어 지속적으로 WHO 전통의약 국제표준용어개발에 꾸준히 참여하여 왔습니다. ICTM(International Classification of Traditional Medicine, 국제전통의약분류체계) 프로젝트로 ICD(International Classification of Disease, 국제질병사인분류)에 전통의약을 포함하는 질병분류체계 개발에도 참여하여 왔습니다.[3]

대한한의사협회, (사)대한한의약해외의료봉사단(KOMSTA, Korean Medicine Service Team Abroad)은 공적개발원조 사업으로 한국국제협력단(KOICA)와 더불어 개발도상국의 보건의료 분야에 있어 현지 의료진 대상 한의학 교육, 치료법 전수, 의약물품 원조 활동을 해왔습니다. 현재는 전 세계 COVID-19 확산으로 인하여 해외 파견은 중단 상태이나 온라인 연수 실시 등으로 활동을 지속하고 있습니다.[4]

Grand View Research(2019)에 따르면, 2016~2019년 세계 전통, 보완대체 의약 등에 연관된 시장의 성장이 연평균 17.07%에 달하여 2019년에는 2,108억 달러에 이를 것으로 추정하고 있습니다. 이에 정부는

---

3) p50-51. 2020 한국한의학연감.
4) p52. 2020 한국한의학연감.

'한의약 육성법', '제2차 및 3차 한의약 육성발전 5개년 계획 수립', '의료 해외 진출 및 외국인환자유치 지원에 관한 법률' 등으로 관련 사업을 지원하고 있습니다. 보건복지부와 한국보건산업진흥원은 외국인 환자 유치와 해외 진출 활성화를 목표로 2018년 중장기 지원계획을 수립하여 한방 병의원 및 한의약 산업의 세계화를 위해 다양하게 지원하고 있습니다.[5]

세계적 과학 월간지인 내셔널지오그래픽 2019년 1월호에서는 서양 의학으로 질병이 치료되지 않는 경우 전통 한의학을 통한 치료가 가능한 사례 등을 소개하며 한의학을 집중 조명하였습니다. 미국 국립 암연구소가 실시한 임상 시험에서 항암 화학치료의 부작용으로 고통 받는 암 환자들에게 한약 추출물(PHY906)을 투여하여 모든 환자들이 메스꺼움, 설사 등 항암치료에 의한 소화기계 부작용이 감소했고, 복용하지 않은 환자의 종양보다 더 빠르게 종양의 크기가 감소한 것으로 나타났다는 설명이 실렸습니다. 이미 듀크대학교, 옥스퍼드대학교, 잉글우드 병원 등 미국과 유럽의 주요 대학과 병원에서도 암, 당뇨병, 파킨슨병 등의 질환에 대한 한의약 치료를 활용하고 연구하고 있습니다. 특히 암 치료에 관해서는 세계적인 명성의 MD앤더슨 암센터나 메모리얼 슬론 케터링 암센터 등에서 이미 협진시스템을 도입해 암 환자 치료에 한의약을 적극 활용하고 있습니다.

2021년 자생한방병원이 양방 포함 국내 최초 미국 평생의학교육인증원(Accreditation Council for Continuing Medical Education, 이하 ACCME)의 정식 교육기관 인증을 받아 선진 30여개국 의사들이 한의학 보수교육을 받고 면허 유지 가능하게 되었습니다. 기존에 미국 정골의사인 DO를 대상으로 실시하던 교육에서 재활의학과, 정형외과 등 전

---

5) p53. 2020 한국한의학연감.

체 MD까지 대상이 확대 되었습니다. 임시 인증 기간 동안에는 미국 국방부의 요청으로 군의관을 포함한 600여명을 대상으로 보수교육을 실시하기도 하였습니다. 30년 동안 한의학의 효과를 과학적인 논문 결과로 입증했기 때문으로 평가되며, 앞으로 근골격계 이외의 다른 분야까지 교육의 범위를 넓혀갈 계획입니다. 이외에도 러시아 모스크바의대 강연, 키르기스스탄 대통령 직속 병원 국제 컨퍼런스 강연, 카타르 군의무사령부 군의관 한의 치료 강연 등 한의 치료는 수많은 해외 강연, 컨퍼런스에 초청받고 호평을 받아오고 있습니다.

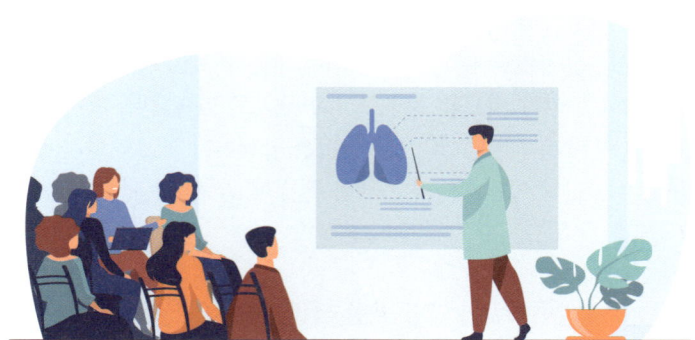

국가 의료에 참여하는 한의사

의료법 제 2조의 정의에 따라 한의사는 의사, 치과의사, 조산사, 간호사와 더불어 보건복지부 장관의 면허를 받는 의료인입니다. 대한민국의 의료인으로서 한의사들은 공중보건의사, 군의관, 국립중앙의료원, 국립재활원, 각 지방의료원, 진천 국가대표 선수촌 등 다양한 국가 의료에 참여하고 있습니다. 특히 최근 COVID-19 대처에 있어 공직 한의사, 공중보건한의사들이 많은 참여를 하였습니다.[6]

○ 공직한의사, COVID-19 대처 참여 사례
  - 관련 업무 형태
    : 선별진료소 업무, 역학조사관 업무, 해외입국자관리 등
  - 참여지역(기관) 형태
    : 서울특별시보건소, 경기도보건소, 인천광역시 보건소, 광주광역시 보건소, 부산광역시보건소, 대구광역시보건소, 대전광역시보건소, 경상북도보건소, 등

○ 공중보건한의사, COVID-19 대처 참여 사례
  - 관련 업무 형태
    : 경기도 심층역학조사관(도청, 시군) 및 선별진료소 검체 채취 등
  - 참여지역(기관) 형태
    : 경기도청 역학조사관, 시군역학조사관(경기도), 각 지역 보건소, 보건지소 선별 진료소 검체채취 등

표 1. 한의사 COVID-19 국가 방역 참여 사례

---

6) p93. 2020 한의약 코로나19 백서. 대한한의사협회.

각 제도와 기관을 살펴보면 여러 공공기관에서 병역을 수행하면서 1차 보건의료를 담당하고 공중보건의사 제도가 있습니다. 의료취약지역에서의 진료뿐 아니라 최근 COVID-19로 인하여 PCR 검사, 역학조사, 콜센터 등 다양한 분야에서 앞장서 의료인으로서의 책무를 다 하고 있습니다.

한의 군의관 제도는 1989년 최초로 시작되었습니다. 군 특성상 근골격계 환자가 많이 발생하는데 특히 두각을 드러내고 있지만 최근 '육군 장병들의 수면장애에 대한 한약치료 효과 : 전향적 임상연구' 등도 발표되며 다양한 진료분야에서 저변을 확대하고 있습니다. 현재 최고 계급은 대령으로 국군수도병원 건강증진센터장을 맡고 있으며 모든 의무복무 군의관들이 군진한의학 발전을 위해 노력중입니다.

국립중앙의료원에는 1991년에 국가의료기관으로는 처음으로 한방진료부가 설치되어 전문의를 배출하는 수련병원으로 운영되고 있습니다. 한방내과, 침구과, 한방신경정신과가 운영되어 있으며, 입원·외래에서 다양한 협진이 이뤄지고 있습니다. 앞으로 국립한방병원으로 한의과가 분리 확장되어 더욱 국립 공공의료에 기여할 수 있기를 기대합니다.

국립재활원은 국가중앙재활센터로서 협진체계를 구축하고 안정성과 효용성 있는 재활 의료서비스를 제공하고자 2010년 한방재활의학과가, 2013년 한방내과가 설치되었습니다. 국립재활원의 다양한 데이터를 바탕으로 재활 분야의 한의치료 확산에 힘쓰고 있습니다. 장애인 재활, 기타 중증 질환 재활 등에 있어 양방과의 협진을 통해 한의 진료의 우수성을 보여주고 있습니다.

진천 국가대표선수촌 한의진료실은 태릉 선수촌에 이어 2018년부터 공식적으로 운영되어 왔습니다. 대한 스포츠한의학회를 주축으로 각종 스포츠 분야에서 한의 진료가 활발히 벌어지고 있으며, 각종 국제 대회에서도 꾸준히 한의 진료로 국가 대표 선수들을 관리하고 치료해오고 있습니다.

이 외에도 여러 국가의료, 공공분야에서 한의 진료가 다양하게 적용되고 있으며, 1994년 설립된 정부산하 기관인 한국한의학연구원에서 한의학의 과학화·세계화·표준화를 위한 연구를 국책사업으로 꾸준히 시행해오고 있습니다. 국립암센터, 국립교통재활병원 등과 같은 국가 중요 의료 기관에도 한의진료과가 설치되어야 한다는 요구가 국정감사 등에서 꾸준히 이어지고 있습니다. 앞으로 더욱 한의 진료가 국가의료에 이바지할 수 있기를 바랍니다.

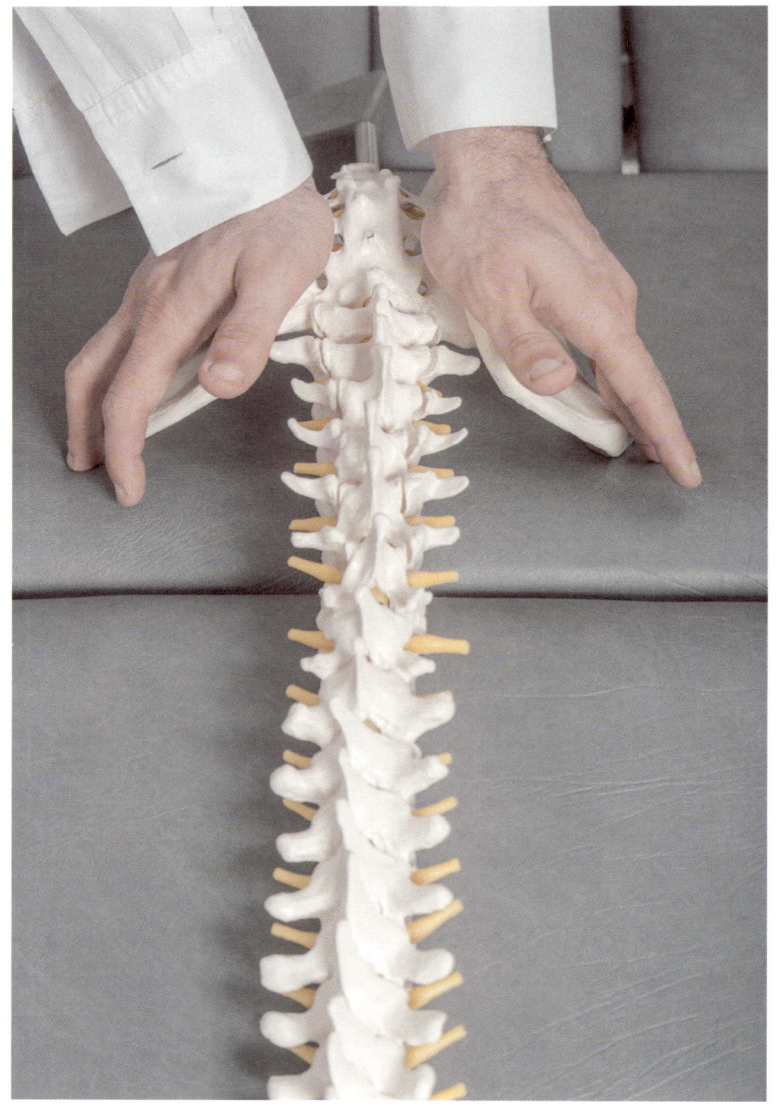

배우에서 한의사로,
박미경 한의사
(4-1)

빠르게 변화하는 시대에 해답을 찾고자 노력하다

'저는 퇴사하고 한의사합니다' 프로젝트의 다음 인터뷰! 대만드가 이번에는 연세대 신문방송학과를 졸업하고 한의사로 이직하신 박미경 원장님을 직접 만나러 갔습니다. '배우 출신 한의사'로 최근 유퀴즈_이직편에도 출연하고, 시대의 변화에 빠르게 적응하고자 노력하는 원장님의 이야기, 지금부터 시작합니다!

박미경 원장님 약력
- 연세대학교 신문방송학과 졸업
- 상지대학교 한의학과 졸업
- (현) 박미경 한의원 원장(구. 오라 한의원)
- (현) 주식회사 키바이오 대표
- (현) 한우자조금 명예 홍보대사

Q. 안녕하세요. 간단하게 자기소개 부탁드립니다.
A. 안녕하세요 한의사 박미경입니다. 현재 서울 강남구 대치동에서 〈박미경 한의원〉을 운영하고 있으며, 여러 방송이나 매체를 통해서 건강정보를 나누고 있습니다.

Q. 요즘 원장님의 일과. 일주일 일정이 어떻게 되시나요?
A. 진료뿐 아니라 외부 활동(방송, 강연 등)도 병행하고 있어서 시간을 잘 분배해서 쓰고 있습니다. 물론 진료가 저에게는 가장 중요하고 핵심적인 부분이지요. 지금은 8:2 정도로 제시간의 대부분을 진료에 할애하고, 나머지 시간에는 방송 출연, 유튜브 녹화 등 여러 가지 일정을 소화하고 있습니다.

 외부 활동을 하면서 어떻게 한의원을 운영하는지 궁금해하시는 분들이 계시는데요, 철저한 예약제 진료를 통해서 환자를 만나기 때문에 가능합니다. 하루를 쪼개서 오전 생방송을 마치고 와서 진료를 시작하기도 하고, 오전에 진료를 몰아서 보고 오후에 녹화하기도 합니다. 요일을 정해서 하루에 여러 개의 외부 활동을 소화하고, 다른 요일에 진료를 보기도 합니다. 일정을 요일별로 고정해서 운영하면 좋겠지만, 보통은 외부에서 하는 일들은 일정이 항상 변동이 있기 때문에 탄력적으로 맞춰서 하고 있어요. 또 저를 위한 투자, 운동, 독서, 공부 등에 쓰는데 이외의 시간에는 가족이 제일 중심이고, 아이가 어리다 보니 엄마로서 해야 할 역할만으로도 참 바쁩니다.

신문방송학과 & 한의사 이직

Q. 첫 전공인 신문방송학과(이하 신방과)를 선택한 계기가 무엇인가요?
A. 저는 문과 출신으로, 96학번 시절에 신방과가 최고의 인기 학과였어

습니다. 당시 연세대에 특차원서를 넣었는데, 가장 높은 곳이 신방과와 상대(경영)였습니다. 수능 점수를 잘 받은 편이어서 가장 높은 과를 쓰자고 생각했는데, 신방과가 매력적으로 느껴졌었어요. 수학이 자신이 없기도 해서 상대(경영) 공부를 할 수 있을지 걱정도 되었습니다. 이렇게 이야기하고 보니 정말 수동적으로 과를 결정한 것 같은 생각이 드네요(웃음). 요즘 젊은 사람들은 정보도 잘 공개되어 있고 주변 어른들과의 대화도 많이 해서 현명하게 잘 선택하는 것 같은데, 저는 많이 어수룩했던 것 같습니다.

신방과를 다니면서 배운 내용이 지금 시대의 예언과도 같았다는 생각이 듭니다. 당시는 몇 개의 지상파 방송이 언론을 주도하던 시대였습니다. 그런데 지금은 시청자가 주도하여 만들어내는 콘텐츠라든지, 쌍방향 미디어, one source multi use 같이 글로만 배웠던 미래 미디어 사회의 예측이 지금은 현실이 되어서 매우 놀라워요. 신방과에서 배웠던 경험이 현재 방송을 이해하고 활동하는 데에도 도움이 되는 것 같습니다.

Q. 배우에서 한의사로 이직을 결심한 계기는 어떻게 되시나요? 또한 여러 직업들 중에서 한의사를 선택하신 이유가 무엇인가요?

A. 한의사라는 직업에 대해서는 항상 호감이 있었습니다. 당시에는 문과 출신이었고 지금처럼 교차지원도 없어서 제가 할 수 있는 직업이라는 생각은 안 했어요. 그런데도 과거 제가 몸도 약하고, 병원 검사에서도 아무런 이상이 없고, 아파서 학교를 못 갈 때가 있었는데 한의원의 도움을 받았던 기억이 있습니다. 연세대를 졸업하고 한의대에 진학하고자 재수를 할 때도, 나이가 있는데 공부를 하려니 많이 아팠습니다. 안구 건조증이 너무 심해서 눈도 안 떠지고, 두드러기도 3개월씩 나서 그 동네 내과를 다 돌아다니고, 수액을 맞아도 안 낫는 등의 상황들이 엄청 많았어요. 그때마다 한약도 먹고 한의학의 도움을 받아서, 한방 친화적이었으며 한의사라는 직업에 대한 막연한 동경을 가지고 있었습니다.

Q. 한의사라는 직업이 가지는 강점이 뭐라고 생각하시나요?
A. "나와 내 가족에게 항상 줄 수 있는 한약이라 좋다!" 어느 직업이 이렇게 환자 혹은 고객에게 드리는 것과 자신에게 주는 것이 같고 유익할 수가 있을까요. 그리고 아이 키워보신 한의사 분들이라면 다 공감하겠지만 아이가 성장할 시기나 아플 때에 한약을 줄 수 있고, 또 일하느라 피곤한 남편, 연로하신 부모님들 건강 챙겨드릴 수도 있다는 점도 너무 좋습니다. 저도 방송 나갈 때 바쁜 일정을 소화하기 위해, 그리고 피부 관리 차원에서 한약을 먹고 나갑니다.

또 하나는, '해답이 있다.'라는 것인데요, 한의학에서 해답을 찾은 경우를 경험해보신 분들이 많을 겁니다. 만성질환, 자가면역성 질환, 노화에 의한 노쇠현상 등 한약으로만 해결할 수 있는 케이스들에 도움을 드릴 때의 기쁨이 엄청나죠. 저는 요즘 '구강건조증'을 많이 치료하고 있는데, 큰 병원에 가셔도 뾰족한 방법이 없어서 저를 찾아오시는 분이 많습니다. 좋아지시는 모습을 보면 정말 이 학문을 하길 잘했다는 생각이 들어요.

'미지의 적에 대항한다'는 점도 강점이라고 생각합니다. 예를 들면 코로나 같은 신종 질환들에 대해서, 증상을 위주로 그 사람의 체질과 증상을 변증하여 치료하는 한의학은 아무리 미지의 새로운 질환이라도 대응할 수 있고 환자의 몸을 변화시킬 수가 있습니다. 저는 이번에 코로나 감염 후유증을 한약으로 치료하면서 한의학의 저력을 느꼈습니다. 예를 들면 '쌍화탕' 같은 간단한 처방으로도 후유증을 개선하는데 많은 도움이 되거든요.

학문 외적으로는 사회경제적으로 여성으로서 할 수 있는 전문직이라는 점에 매력을 느낍니다. 환자를 진단할 때 탐정과 같은 수사기법을 동원해야 한다든지, 끊임없이 공부해야 하는 직업이라는 점에도 정말 만족해요. 마지막으로 한의학은 미래를 위한 학문으로 신약을 개발할 수도 있고, 제가 방송 활동을 하듯이 여러 가지로 확장이 가능한 직업이기도 합니다.

Q. 두 번째 대학생활을 하면서 학부시절에 어떤 학생이셨나요? 그리고 학창 시절에 기억에 남는 활동 혹은 고충이 있으셨나요?
A. 한의대에서 '나사(나이 든 사람들)'라고 표현하는, 대학을 졸업하고 다시 입학하신 분들이 저희 학번(03) 전후로는 많은 편이었습니다. 그래서 소외감을 별로 안 느끼고 비슷한 또래 학생들과 즐겁게 지냈으며, 어린 친구들한테는 에너지를 많이 받았지요. 제 개인적으로는 아버지께서 폐암으로 투병하시기도 하고, 졸업반 때 결혼도 하면서 제 인생에서는

참으로 파란만장하게 보냈던 것 같아요.

 공부로는 해부학이랑 면역학이 학교에서는 가장 재미있는 과목이었어요. 해부학은 항상 1등 했던 기억이 있고 지금도 근육학적으로 침을 놓는 것을 좋아합니다. 본초학 과목은 학교 밖에서의 활동이 더욱 재미있었던 것 같아요. 직접 산에 가서 식물이 자라는 환경도 보고, 씹어보기도 하고, 맛본 후의 반응을 지켜보기도 했습니다. 본과 때부터는 외부에서 공부를 많이 해서 보완했습니다. 많은 한의대 학생이 비슷한 활동을 하시겠지만, 저는 스승님께 사사를 하기도 했고, 의학입문 동아리에 들어가서 김제의 학성강당에서 방학 동안 성리학에 대한 가르침을 받기도 했습니다.

Q. 배우로서의 경험(이력)이 현재 한의사를 하면서 영향을 주는 부분이 있나요?
A. 단언컨대 모든 경험은 한의사의 일에 도움을 줍니다. 때문에 '나사'들이 나름의 강점이 있는 거고요. 한의사나 의사는 6년 학교 다니고 트레이닝하고 직업 전선에 나오면서, 굉장히 틀에 갇혀있게 되기 쉽고 경직되거나 보수적으로 흐르기 쉬운 환경이에요. 그런데 환자들은 각양각색이기 때문에 여러 경험을 하게 되면 환자를 이해하거나 질환에 대해 파악하기가 더 쉬울 것이라 생각합니다. 또한 질병을 떠나 '사람이 사람을 만나는 일'이기 때문에 배우로서 여러 사람과 관계를 맺고 협동했던 경험이 도움이 됩니다. 경험치는 무시하지 못하기 때문에, 젊은 한의사나 학생들에게도 여러 외부적 경험을 동반해서 쌓아가기를 권합니다.

 또 한 가지, 배우 출신 한의사로 인지도가 쌓여서 좋은 점은 환자분들이 저를 처음 만났을 때부터 친근하게 느끼고 제가 하는 말을 잘 들어주신다는 점입니다. 제 말을 잘 들어주신다는 점이 얼마나 고맙고 치료에 도움이 되는지 몰라요. 진료 외적으로도 도움이 되는 부분은, 배우로서의 경험이 제 자신을 표현할 때 많은 도움이 됩니다. 다수의 청중 앞, 조명과 카메라 앞에서 제가 전달하고 싶은 것을 전달하는데 어려움 없이 즐겁게 할 수 있어요.

진료 & 콘텐츠

Q. 다양한 건강 관련 방송(EX. 천기누설, 생생정보마당, 엄지의 제왕 등)에서 멘토 한의사로 출연하고 계시는데, 방송에 출연하시게 된 계기와 기억에 남는 일화들이 있으신가요?
A. 처음에는 방송국에서 일하는 신방과 동기가 제게 권해서 출연하게 되었습니다. 보통 한의원에도 인터뷰 섭외 전화가 종종 오니, 관심이 있으신 분들은 인터뷰부터 시작해보시면 될 거예요. 인터뷰를 성의껏 하다 보면 모니터링하던 작가분들께 연락이 올 거예요. 저도 첫 출연 후에는 공백이 있다가, 인터뷰를 비롯한 작은 출연을 쌓아가면서 방송국 제작진의 눈에 띄면서 점점 더 많은 섭외를 받게 되었습니다.

'천기누설'이라는 프로그램을 제일 오래 했고 기억에 남는 프로그램입니다. 몸이 힘든 만큼 보람이 컸어요. 제가 '냉장고를 털어라'라는 코너를 프로그램 안에서 처음 시작하게 되었는데, 백 퍼센트 야외 촬영으로 지원자의 집에 찾아가 냉장고를 보면서 문제점을 지적하고 해결책을 제시하는 포맷이었어요. 방송 시간은 15~20분 정도로 짧게 나갔지만, 하루 종일 촬영하고 굉장히 힘든 작업이었습니다. 처음에는 다른 원장님들과 회차를 나누어서 하다가 나중에는 제가 단독으로 그 코너를 도맡아서 이끌게 되었습니다. 한의사로서의 전문성과 배우로서의 체력, 순발력이 모두 요구된 만큼 인정받아서 기뻤고요. 지금도 많이 기억해주시며, 이 프로그램 덕분에 '건강 멘토'라는 이미지를 얻게 되었습니다.

그 후 같은 MBN 방송사의 대표 건강 프로인 '엄지의 제왕'에도 고정으로 출연하면서 '엄지의 밥상' 코너를 맡아서 했는데, 이때도 음식에 대한 건강 정보를 전달하면서 좋은 반응을 얻었어요. 아쉬운 점도 많았지만 건강과 음식에 대해서 제가 전달해 드리는 역할을 하면서 건강 멘토라는 이미지가 더욱 강조된 것 같습니다(웃음).

Q. 유퀴즈 (이직편) 방송 출연의 비하인드 스토리도 궁금합니다!
A. 유재석 씨가 저를 신문 기사에서 보시고, 재미있는 한의사 선생님이 있으니 연락해보라고 작가님께 말했다고 합니다(웃음). 제가 연줄이 있던 것도 아니고, 유퀴즈는 철저하게 프로 자체에서 섭외합니다. 어떻게 '이직' 편과 스토리가 잘 맞아서 연락받게 된 것 같습니다. 오히려 주변 연예인분들 중에서도 "나도 유퀴즈 나가고 싶은데 연결 좀..."이라고 제게 말씀하시기도 해서 깜짝 놀랐어요. 정말 운이 좋았다는 생각이 들더라고요.
 그리고 '진맥을 해보세요~'라는 주문을 방송할 때마다 참 많이 받게 되는데, 이것이 사람들이 한의사에게 기대하는 전형이라는 생각도 들더라고요. 배우 출신 한의사로 나갔는데 재미가 없으면 안 되겠다 싶어서 일부러 톤을 높이고 평소보다 훨씬 밝게 행동하려고 노력했어요. 진료실에서는 꽤 진지한 편인데 다른 사람이 된 것 같아 어색하기도 했어요(웃음).

Q. 원장님께서 음식의 중요성을 강조하시는 것 같습니다. 食藥同源(식약동원)에 대한 원장님의 의견이 궁금합니다!
A. 본인의 체질에 맞춰 식습관을 교정하면 질환이 개선되는 경우가 많습니다. 食藥同源(식약동원), 음식과 약의 뿌리는 같다. 즉, 나에게 도움이 되는 성질의 음식을 취해야 합니다. 외국에서도 이와 비슷한 개념들이 조금씩 싹트고 있는데, 예를 들어 '류마티스 있는 사람은 가짓과 식물을 먹지 말아라, 안티 인플라마토리(anti-inflammatory)라고 해서 베

리류를 먹어라, 컬러푸드 먹어라'와 같은 것도 식약동원 중 하나라고 생각합니다. 결국 질병을 치료하는데, 음식을 빼놓고 이야기를 하지 못합니다. 몸이 차가운 환자에게 더운 약을 써서 몸을 따뜻하게 해주려고 하는데, 자꾸 찬 음식, 아이스 아메리카노, 돼지고기, 샐러드 이런 음식들만 먹으면 낫기가 힘든 것이죠.

 그런데 오히려 '식약동원이라면, 약을 먹지 않아도 음식으로만 고칠 수 있는 건가?'라는 오해하기도 합니다. '냉장고를 털어라' 프로그램할 때도 굉장한 오해들이 있었는데, 음식과 약 두 가지가 모두 중요하다는 것이 제 생각입니다. 음식만 혹은 약만 중요한 것이 아니라, 두 가지가 함께 같이 가야 환자를 도와줄 수 있다는 생각이 들어요.

Q. 유튜브, 네이버 TV, 블로그 등 다양한 콘텐츠를 만들며 건강멘토로 활동하고 계시는데, 어떻게 시작하게 되셨나요?
A. 몇 년 전까지는 개원하는 사람들은 블로그 개설이 필수였습니다. 인터넷에서 검색하고 내원하시기 때문에 블로그가 마치 간판과 같이 필수품 역할을 했습니다. 인테리어 하기 전에 블로그 작업부터 하라고 조언할 정도였습니다. 지금은 유튜브라고 생각해요. 요즘은 유튜브가 정말 명함처럼 꼭 필요한 것이 되었어요. 유튜브에서 제가 질환에 대해 설명하고 경험한 것들, 그리고 교육하는 내용을 올리면, 환자분들이 그것을 보고 내원하십니다. 유튜브가 통로이자 다리 역할을 하는 것입니다.
 물론 처음 유튜브를 할 때는 굉장히 고생했어요. 초기에 원고를 짜내는 것도 힘들었고, 제작비도 많이 드는데 피드백이 없던 점도 힘들었죠. 그런데 꾸준히 결과물을 쌓았더니 피드백도 생기고, 환자분들과 소통할 수 있는 창구가 된 것 같습니다.

Q. 빠르게 변화하는 시대에 학생들에게 해주실 조언이 있으신가요?
A. 제 장점이 시대의 변화에 빠르게 적응하는 것이라고 생각해요. 직감을 믿고 쫓아가면 어느새 시대가 그렇게 되어 있습니다. 예를 들면 코로나가 발병하기 전에도 비대면, 방송을 통해 진료실 밖에서 사람들을 만나왔던 것이지요.

 학생들에게 말하고 싶은 것은, 선배들의 경험을 흡수하되 거기에 더해서 자신만의 미래에 대한 감각을 더하기를 바랍니다. 실력을 쌓는 것은 기본이고, 그 외에는 유연하게 능동적으로 대처하세요. 틀에 정해진 대로만 따라가면 도태되기 쉬운 시대가 되었습니다.

 미디어도 항상 변화하므로 새로 뜨는 곳에 집중해 보세요. 지금은 유튜브지만 또 5년 뒤에는 무엇일지 모르는 것이니, 항상 넓게 보고 열린 마음으로 주변을 관찰하세요.

Q. 인생 그래프를 그린다면 Up(가장 뿌듯) &Down(포기하고 싶었던 순간)으로 무엇이 있으신가요?
A. 이 순간이 제일 행복하고 뿌듯합니다. 가장 포기하고 싶었던 순간은 연세대 신문방송학과 졸업 직후였던 것 같네요. 당시 집안 경제 상황도 안 좋아지고, 연세대도 학자금 대출받아서 겨우 졸업했는데, 사회 자체도 어려워서 취직도 잘되지 않던 시기였습니다. 다들 잘 살고 저만 힘든 상황이라면 노력하여 극복할 수 있지만, 시대 자체가 힘들고 제 주변 모두가 힘들어서 희망이 없는 것처럼 느껴졌던 것 같습니다.
 그러나 그 시기 덕분에 제가 한의사가 될 수 있는 계기가 되었다고 생각합니다. 한의학적으로 '陰極反陽(음극반양)'이라고, 밑으로 내려갈수록 튀어 오르는 원리가 있잖아요. '지금 내 인생이 정말 다운이다'라고 생각하면, 깊이 내려갈수록 더 높이 올라온다고 생각하면서 좌절하지 않으면 됩니다.

Q. 어떤 분들에게 한의사라는 직업을 추천하시나요?
A. '사람 만나기 좋아하고, 말하기 좋아하는 사람. 날카롭지만 따뜻한 사람'들에게 추천합니다. 주변에서 즐겁게 한의사를 하는 친구들은 모두 사람 만나는 것을 좋아해요. 한의사는 내과 의사뿐 아니라 정신과 의사와도 성질이 비슷하기 때문에 사람 만나는 것에 스트레스를 받으면 안 됩니다.
 환자를 진단하는 과정은 수사관이 결론을 도출하듯 날카로운 추리력이 필요합니다. 그러면서도 사람과 자연을 사랑하는 따뜻한 마음도 있어야 하지요.

Q. 앞으로 한의사가 될 한의대생들에게 해주고 싶은 말씀이 있으신가요?
A. '여러 가지 가능성을 생각하고 준비하라!'고 말씀드리고 싶습니다. 임상뿐 아니라 연구에 대한 기회도 아주 많아요. 과학기술부 등에서 굉장히 한의학 관련 연구에 대한 관심과 지원이 많기도 하고, 신약 개발이나 다양한 분야에서 한의학이 주목을 받고 있습니다. 저도 지금 신약 스타트업을 시작했는데, 역량 있는 한의사들이 매우 필요해요. 사업 쪽으로도 진출을 많이 하니, 처음부터 개원만을 생각하지는 않으면 좋겠습니다.

Q. 앞으로의 목표, 되고 싶은 한의사의 모습이 궁금합니다!
A. "세상을 조금이라도 더 나아지게 만들 수 있는 한의사"가 되면 좋겠습니다. 지금 하는 신약 개발은 물론이고, 제가 하는 일도 다 일맥상통하여 이 목표를 향해 있습니다. 또한, 2차 팬데믹에 대한 어두운 전망들이 계속해서 나오고 있는, 전 지구적으로 상당히 어려운 시기라고 개인적으로 느끼고 있는데, 티끌만큼이라도 인류의 미래에 도움이 되는 사람이 되고 싶습니다.

Q. 앞으로 원장님께서 하시는 일이 세상을 어떻게 바꿀까요?
A. 지금까지 해답이 없었던 일에 대해 해답이 되고 싶습니다. 제가 현재 신약 스타트업 '키바이오'에서 개발하고 있는 비가역적인 간 섬유증에 대한 치료제도 그중 하나로, 답이 없어 많은 사람이 절망했던 문제에 대해 빛을 비추는 일을 하고 싶습니다.

 그리고 생명에 대한 가치관을 나누는 것도 중요합니다. 아무리 효율이 중요한 세상이라고 하지만, 생명이 가장 중심이어야 한다고 생각해요. 그에 대한 생각과 실천을 한의사로서 열심히 나누고 행하고 싶습니다.

아름다운 박미경 원장님과의 인터뷰 현장! 배우의 경력을 한의학 발전에 있어 적재적소에 응용하시는 원장님의 모습에 깊은 감명을 받았던 시간이었습니다. 바쁘신 와중에도 시간을 내어주신 원장님께 진심으로 감사드리며, 원장님께서 하시는 일이 미래에 해답이 되기를 진심으로 응원합니다~

미술학도에서 한의사로, 박민주 한의사 (4-2)

미술적 감각을 한방 미용 치료에 접목시키다

'저는 퇴사하고 한의사합니다' 프로젝트 인터뷰가 돌아왔습니다! 서울대학교 미술대학을 졸업하고 한의사로 이직하신 박민주 원장님을 직접 뵈러 갔는데요. 뛰어난 미술적 감각을 살려 한방 미용시술과 한방 피부진료를 하고 계신 원장님의 이야기, 지금 시작합니다!

박민주 원장님 약력
- 서울예술고등학교 졸업
- 서울대학교 미술대학 시각디자인 전공
- LG, SKT 디자인 직렬 인턴십 수료
- 부산대학교 한의학전문대학원 석사 졸업

Q. 간단하게 자기소개 부탁드립니다.
A. 안녕하세요! 저는 미대 나온 한의사, 박민주입니다.

Q. 요즘 원장님 일과나 일주일 일정 어떻게 되나요?
A. 주 5일 메디컬오 한의원에서 업무를 하고 있고 주말이나 휴일에는 공부하며 지내고 있습니다. 막상 한의사를 하니까 단순히 한의학 공부뿐만 아니라, 필요한 것들이 많아서 다양한 공부를 하며 지내요. 구체적으로는, 나중에 한의원을 개원하면 마케팅이나 경영 같은 부분도 알아야 하니까 그쪽 공부도 틈틈이 하고 있습니다.

디자인 전공

Q. 첫 번째 전공인 미술을 선택한 계기가 있나요?
A. 저는 어렸을 때부터 그림 그리는 것을 좋아해서 꿈도 화가였고, 당연히 미술을 해야겠다는 생각이 있었어요. 저 스스로 천재 예술가의 운명을 타고났다고 믿었죠. 그래서 자연스럽게 서울예술고등학교(이하 서울예고)에 진학했습니다. 하지만 서울예고에 진학한 후 제 미술적 감각이 그 정도는 아니라는 것을 깨달았고, 현실적인 조건을 고려하여 서양화과가 아닌 디자인과를 선택하였습니다.

Q. 디자인 전공하실 때도 인체 해부 구조를 학습하셨나요?
A. 저는 예고에 들어갈 때 서양화과로 입학해서 인체를 그릴 일이 많았어요. 인체를 제대로 그리기 위해서는 몸의 해부학적 구조와 근육의 위치 등을 정확히 알아야 하기 때문에, 중고등학교 때도 해부학 공부를 했죠. 한의대에서는 직접 카데바 실습(해부학 실습)을 할 수 있어서 더욱 생생하고 구체적으로 공부할 수 있었던 점이 좋았습니다.

Q. 첫 전공인 디자인을 살려서 회사에서 근무한 경험이 있으신가요?
A. LG, SKT에서 인턴십을 했었어요. 두 군데에서 업무를 경험하고 디자인은 저와 맞지 않다는 것을 더 느꼈죠. 가장 힘들었던 것은 야근이었어

요. 한의사는 출퇴근 시간이 명확하잖아요. 그런데 디자이너는 '이렇게 바꿀까, 저렇게 바꿔볼까'를 고민하기 시작하면 일이 한도 끝도 없는 거예요. 다들 더 잘하고 싶으니까 계속 야근하는 거죠. 좋은 결과물에서 얻는 성취감도 물론 크지만, 저의 경우에는 높은 업무강도로 인해 디자이너를 계속하지 못하겠다는 생각이 들었습니다.

학부 시절

Q. 첫 번째 대학교인 서울대학교 미술대학과 두 번째 대학교인 부산대학교 한의학전문대학원에서의 학교생활이 어떻게 달랐는지 궁금합니다!
A. 서울대에서는 다른 과 학생들과 접할 기회가 많아서 자연스럽게 다양한 학과 친구들과 어울릴 수 있었어요. 종합대학이라, 제가 고등학교 때 상상했던 캠퍼스 라이프를 즐길 수 있었어요. 반대로 부산대에서는 학과 캠퍼스가 양산에 따로 떨어져 있어서 다른 과 학생들과 교류할 기회가 상대적으로 적었어요. 오히려 고등학교 때처럼, 같은 교실에 계속 앉아 있으면 시간표에 따라 해당 과목 교수님이 수업하고 나가시는 식이었죠. 그래서 다시 고등학생이 된 느낌이었어요. 그래도 둘 다 나름의 재미가 있었답니다. (웃음)

Q. 석사 시절(한의전)에 어떤 학생이셨는지. 또 기억에 남는 활동이나 고충이 있으셨는지 궁금합니다!
A. 당연히 시험공부 등으로 힘든 게 있었지만, 진로 고민을 더 이상 하지 않아도 된다는 것이 만족스러웠어요. 석사 시절에 기억에 남는 활동은 동기들과 어울리면서 다양한 추억을 쌓았던 거예요. 부산대는 바다가 가까우니까 휴일에 바다도 놀러 가고 재밌게 놀았죠. 시험 스트레스와 크고 작은 사건들이 있었지만 좋은 추억들이 훨씬 많은 것 같습니다. (웃음)

본4 때는 부산에 있던 방을 빼고 서울에 있는 본가에 올라와서 쇼호스트 학원에 다녔어요. 원래 말을 잘하는 편이 아니어서 나중에 한의사가 되었을 때 더 신뢰감 있게 의사 전달할 방법이 없을까 고민했죠. 쇼호스트처럼 상대에게 신뢰를 주면서 설득하는 법을 배울 수 있으면, 학원을 재밌게 다닐 수 있겠다는 생각이 들었어요. 당시 부산에는 쇼호스트 학원이 없어서 서울에 올라온 후, 등록하고 재밌게 다니다가 국가고시 준비에 집중했던 기억이 있습니다.

미술과 한의학, 그사이의 이야기

Q. 한의사로 이직을 결심하게 된 계기가 있나요?
A. 디자인학부 입학 당시 저는 성적장학금을 받으며 입학했기 때문에 스스로에 대한 기대감이 컸어요. 그래서 나름대로 최선을 다했지만, 디자인과 특성상 제대로 잠을 잘 수 있는 날이 거의 없었어요. 주중에는 밤을 새우고, 주말에는 기절하는 생활을 반복했죠. 밤샘이 지속되자 난독증과 구안와사가 생겼고, 뇌에 구멍이 뚫리는 듯한 두통이 생겼어요. 이때 가족이 운영하는 한의원에서 침과 뜸 치료받고 많이 좋아졌었죠.
더 이상 몸을 혹사하는 생활을 하지 않아야겠다고 생각해서, 디자인 관련 학계로 진출할까 생각도 해보고, 그 외에 사회학과 복수전공, 창업, 행정고시 등 꿈을 찾기 위해 다양하게 시도해봤어요. 하지만 이런 노력에도 불구하고 뚜렷한 사명감을 가질 수 있는 진로 결정이 어려웠어요. 저는 직업적인 안정성도 있으면서 일에서도 보람을 느낄 수 있는 길을 선택하고 싶었어요. 그러던 중 한의사는 육체적으로 고통 받는 환자들을 건강하게 해주고, 피부 고민을 한방미용 치료로 삶을 즐겁게 바꾸어 줄 수 있다는 것을 알게 되면서 한의사로 이직을 결심했습니다.

Q. 미술대학에 다니셨던 경험이 한의사 생활에 영향을 주는 부분이 있나요?
A. 저는 한방성형과 한방피부미용 분야에서 주로 일했습니다. 한방쁘띠 시술인 매선 시술을 많이 했는데, 이때 매선을 상대적으로 수월하게 익힐 수 있었어요. 매선은 각자 얼굴 모양에 가장 잘 어울리는 디자인으로 방향과 세기를 조절해야 만족도가 높거든요. 디자인 전공이라 눈에 보이는 것에 강하다 보니, 작은 변화와 차이를 잘 감지할 수 있어서 매선 시술 할 때 큰 도움이 됐어요. 또 피부미용을 할 때도, 피부 상태와 변화를 세세하게 알아볼 수 있어서 좋았습니다. 이외에, 한의원 마케팅 관련 자료를 만들 때 부담 없이 만들 수 있다는 것도 장점일 수 있겠네요. (웃음)

Q. 한의사의 직업이 가지는 강점이 무엇이라고 생각하시나요?
A. 저는 한의사가 정말 좋은 직업이라고 생각해요. 사람들의 불편함을 해결해줄 수 있는 기술이 있고, 마땅히 해야 할 일을 했는데 환자분들이 선생님, 원장님이라고 존중해주시면서 고맙다는 말까지 들을 수 있죠. 일하는 것이 매우 보람 있습니다. 또 전문직이라 안정적이죠. 은퇴 나이가 비교적 자유롭다는 점도 큰 장점이라고 생각해요.

한방 피부 진료

Q. 피부를 주된 진료 과목으로 보게 되신 계기가 있나요?
A. 디자인을 하며 익힌 조형미와 미감, 손기술이 한방성형이나 피부미용 등에 강점이 될 수 있다고 판단했어요. 그래서 강남구 논현동에 위치한 매선 특화 한의원에서 특성화 실습을 했어요. 매주 진료 참관과 보조를 하며 매선을 배웠죠. 매선은 제게 재미있는 분야이고, 앞으로 더욱 열심히 탐구하여 발전시켜나가고 싶은 영역이기도 해요. 그리고 매선을

하다 보니 자연스럽게 피부 쪽도 같이 관심을 두게 되어 피부 진료도 시작하게 되었습니다.

Q. 매선 지속 기간은 얼마나 되나요?
A. 지속 기간은 실의 종류와 환자의 피부유형, 습관 등에 따라 달라지긴 하지만, 보통 6개월에서 1년 정도로 오래 지속되는 편이에요. 양방에서 하는 실리프팅이랑 유사하다고 생각하시면 됩니다.

Q. 기억에 남는 환자가 있으신가요?
A. 30대 초반 여성분이셨는데 피부 고민이 상당히 많은 분이었어요. 피부과에서 여러 가지 시술을 받으셨는데 전혀 효과가 없었고, 오히려 피부가 예민해져서 한의원에 오셨죠. 제게 시술받은 후로는 붉고 울퉁불퉁했던 피부가 매끈해지고, 피부톤도 밝고 환해지셨어요. 그래서 환자분이 굉장히 만족하시면서 고마워하셨던 기억이 있습니다. (웃음)

Q. 피부 진료에 관심 있는 학생들에게 하고 싶은 말씀이 있으신가요?
A. 대부분의 한의원은 통증 진료를 주로 보기 때문에, 피부 진료를 보는 한의원은 많지 않은 것으로 알고 있습니다. 진료를 보다 보면 환자들이 '한의원에서 피부 치료가 돼냐, 처음 들어본다.'는 얘기를 종종 하시더라고요. 그래서 학생분들이 피부 진료처럼 잘 알려지지 않은 분야에도 관심을 많이 가지셔서 한방 진료의 파이가 커질 수 있도록 함께 노력하면 좋겠습니다. 단순히 발목을 삐었을 때만 한의원에 가는 것이 아니라, 한방이 사람들에게 인식되는 영역을 같이 넓히면 좋겠습니다.

Q. 양방 피부과에 가면 관리사분들이 여럿 계시면서 대형 시스템이 갖춰진 곳이 많은데, 한의원도 이런 시스템이 필요한가요?
A. 어떤 컨셉이고, 어떤 진료를 주로 보느냐에 따라 다른 것 같아요. 제가 지금 근무하는 곳은 미용시술 위주이고 규모가 있는 편이라 양방 피

부과처럼 관리사분들도 여럿 계시는 형태에요. 하지만 다른 형태의 한의원에서도 피부 진료를 잘하시는 분들이 많이 계세요. 그래서 어떻게 컨셉을 잡아나가느냐의 차이인 것 같아요. (웃음)

Q. 피부 진료에 관심 있는 학생들이 미리 준비하면 좋을 만한 것이 있을까요?
A. 제가 학생 때는 한의학 공부를 많이 해야 한다고 생각했는데, 막상 임상에 나와보니 생각보다 양방 공부도 중요한 것 같아요. 환자분들이 양방 치료를 겸하시는 경우가 많아서 양방 관련 질문도 하시거든요. '어떤 주사 같이 맞아도 되냐', '무슨 레이저 해도 되냐' 와 같은 질문들을 하시는데 관련 내용을 모르면 전문적인 상담을 하기 어려워요.
그리고 양방 치료내용을 잘 알고 있어야 한방 치료와의 비교우위를 파악하고 진료에 적용할 수 있어요. 양방을 알아야 왜 이 한의학적인 치료가 필요한지를 얘기해줄 수 있잖아요. 피부뿐 아니라 다른 진료 과목에도 해당하지 않을까 싶네요.

Q. 어떤 분들에게 한의사라는 직업을 추천하시나요?
A. 저는 한의사가 어떤 사람이 해도 좋은 직업이라고 생각해요. 한의학에 관심만 있으면, 직업적인 보람도 있고 환자분들에게 존중받으면서 일할 수 있어서 좋아요. 또 안정적이면서, 업무시간도 본인이 조절할 수 있고, 개원 비용 등의 현실적인 측면에서 부담이 덜하죠.
저는 한의사마다 진료 방법이 다르더라도 어떤 방법을 쓰든 결과적으로 치료가 잘되면 좋다고 생각해요. 그래서 어떤 분이 한의사를 하시든, 본인의 스타일에 맞는 방법을 쓰면 되기 때문에 추천 스펙트럼이 넓다고 봅니다.

Q. 앞으로의 목표. 되고 싶은 한의사의 모습이 궁금합니다!
A. 저에게 오시는 환자 한분 한분의 삶이 더 편안해질 수 있도록 기여하고 싶어요. 제 환자분 중 한 분이 기존에는 한의학을 안 믿었었는데, 한방 치료받으면서 신뢰가 많이 생겼다는 분이 계셨어요. 그래서 한방 시술에서 더 나아가 한약까지 복용하셨고, 피부뿐만 아니라 몸까지 편해졌다고 하셨어요. 이분처럼, 당장 제가 만나는 환자분들의 만족도를 최상으로 높이기 위해 하루하루 살아가고 싶어요.
장기적으로는 잘 치료하는 것 외에도, 한의학이 다양한 영역에서 적극적으로 사용될 수 있도록 한의학을 알리는 한의사가 되고 싶어요. 그래서 한방 화장품 등을 개발하는 것에도 관심이 있고요. 아직 구상하는 단계지만, 천천히 저만의 속도로 발을 내디뎌보려 합니다. (웃음)

자신에게 맞는 진로를 찾아 꾸준히 노력하신 박민주 원장님과의 인터뷰, 편하고 즐거운 대화를 나누고 왔습니다! 환자에게 더 나은 진료와 치료를 베풀기 위해 실력을 갈고닦으시는 원장님의 앞날을 대만드가 응원하겠습니다 :)

Interviewer. 앵무새, 코카, 코알라
Writer & Editor.

체육학도에서 한의사로,
김기현 한의사
(4-3)

프로 N잡러의 삶

'저는 퇴사하고 한의사합니다' 프로젝트의 인터뷰! 연세대 체육학과를 졸업하시고, 한의사로 이직하신 김기현 원장님을 뵙고 왔습니다~ 한의사로서 스포츠 분야에서 활발히 활동하시며, 건강한 음주 문화를 선도하고자 노력하는 원장님의 이야기, 지금부터 시작합니다!

김기현 원장님 약력
- 부산대학교 한의학전문대학원 한의학 석사
- 연세대 체육학과 졸업
- (현) 달려라한의원 대표원장
- (현) SBS 골때리는 그녀들 의무팀 의무요원
- (현) 요셉의원 무료진료 자원봉사 진료의
- (전) 리봄한방병원 진료원장
- (전) 서울센트럴요양병원 한방과장
- (전) 미올한의원 의정부점 진료원장
- (전) 김봉주한의원 진료원장

Q. 안녕하세요. 간단하게 자기소개 부탁드립니다.
A. 안녕하세요, 저는 2018년도에 부산대학교 한의학전문대학교를 졸업한 5년 차 한의사 김기현입니다. 지금은 한의사 겸 바텐더, 소믈리에, 그리고 러닝 크루와 달마시안(달리고 마시는 사람들)의 리더로 활동하고

있습니다.

Q. 요즘 원장님의 일과, 일주일 일정이 어떻게 되시나요?
A. 현재 산본에 있는 365 한의원에서 주 5일 진료원장으로 일하고 있습니다. 1주일에 4일은 9시까지 야간 진료하고, 금요일과 일요일은 쉽니다. 쉬는 요일인 금요일에는 한 달에 2번 정도 영등포 무료 진료소에서 의료 봉사활동을 하고 있습니다. 일요일에는 의무팀에 지원하러 가서 업무 봉사를 하는데 쉬는 날이 없네요(웃음).

그리고 한 달에 1~2번 정도 '달마시안'을 주최해서 사람들과 달리고 와인 시음도 합니다. '프립(Frip)'이라는 플랫폼을 통해서 일정 비용을 지원받고 있어요. 러닝 크루 활동으로는 2018년 11월부터 꾸준히 주기적으로 양재천을 5~7km 정도 달리고 있습니다. 오늘 아침에도 양재천을 뛰고 왔어요(웃음). 같이 뛰는 분 중에 디자이너분이 계셔서 러닝 티셔츠도 만들어 주셨어요. 여러 분야 분들이 있으니까 말 안 해도 필요한 것들을 보완해주시기 때문에 감사하게 잘 활동하고 있습니다.

체육학과 & 한의사 이직

Q. 첫 전공인 체육학과를 선택하신 계기가 무엇인가요?
A. 체대를 생각하게 된 계기는 운동이 너무 좋았기 때문입니다. 중학교 때 축구를 하고, 중3 때는 외국으로 교환 학생을 가서 농구를 배울 정도로 좋아했습니다. 그리고 건강이 중요해지고 있다는 점에서 체육학과가 비전 있다고 생각하여 선택하게 되었습니다. 엄청난 확신까지는 아니더라도 가면 후회하지 않겠다는 생각이 들었습니다.
 당시 학창 시절 성적표랑 배치표를 기준으로 담임 선생님과 상담했는데 한의대는 성적이 안 되었고, 선생님께서 공대에 가라고 하셨지만 제가 가기 싫어했던 기억이 있네요(웃음).

Q. 한의사로 이직을 결심한 계기는 어떻게 되시나요?
A. 건강이란 컨셉을 가지고 체대에 진학했고, 대학교에서 여러 다른 전공 수업을 들었습니다. 의대 수업도 들었고, 생물학이나 물리학 같은 과목도 수강했죠. 그리고 운동 생리학, 운동 처방 과목도 들었는데 너무 재미있었습니다. 그래서 저의 전공과목이 아니었지만, '치료적으로 발전시키면 좋겠다' 혹은 '스포츠 팀 닥터가 되면 좋겠다'는 생각을 많이 했습니다. 그러다가 MEET(의학교육 입문검사)라는 시험 제도가 있다는 걸 알게 되어서 시험 준비를 하고 한의대에 진학하게 되었습니다.

 주변 지인 중에 한의사가 있는 것도 아니었는데, 다양한 의료 분야에서 한의사를 선택한 이유는 간단했습니다. 제가 운동을 좋아하는데 운동선수로서 필드에 나가지 못한다면, '의료진으로서 필드에 있을 방법'을 고민했고 그쪽 분야로 진출하고 싶었어요. 부산대학교 한의전에 합격했을 때는 조금의 의구심을 가졌는데, 이후에 스포츠 한의학 수업도 듣고 팀닥터 과정을 수료하면서 '한의학이 스포츠 분야에서 제공할 것이 많고 경쟁력이 있다'는 것을 느꼈습니다.

 또한, 한의학이 우리나라의 의학이기 때문에 전 세계에 홍보 및 진출할 때도 더 메리트가 있을 것이라 생각했습니다. 우리나라 사람이 서양의학을 가지고 해외에서 경쟁력을 갖추는 것보다, 한국인이 한의학을 가지고 세계에 나가서 팀 닥터로서 활동하면 경쟁력이 남다르겠다는 확신이 들었죠. 그래서 지금도 항상 그런 비전을 가지고 있어요.

Q. 그렇다면 한의사라는 직업이 가지는 강점이 구체적으로 뭐라고 생각하시나요?
A. 한의학에는 무기가 많다고 생각합니다. 진료할수록 더욱 느끼고 있

습니다. 침, 약, 부항, 추나만 하는 것이 아니라 운동 치료, 음식에 대한 지도 등 해줄 수 있는 게 많아요.

특히 한의사는 1차 진료에서 해드릴 수 있는 것이 많은데, 그것을 적재적소에 잘 활용하는 것이 각자의 역량입니다. 즉, 무기가 많고 그것을 잘 다루기만 한다면 좋은 진료를 할 수 있는 배경을 갖추게 되는 것이죠. 예를 들어, Plan A가 안 되면 Plan B, C도 시도하듯, 약침으로 치료가 안 되면 도침으로 변경할 수도 있고, 또 안되면 추나 치료를 시행할 수도 있는 것입니다.

체육학과에만 있었다면 운동 처방이나 운동 치료만 했을 텐데, 한의사이기 때문에 운동 처방도 하면서 한방 치료도 할 수 있는 거잖아요. 제가 치료를 선택할 수 있는 권한도 있고요. 기본적으로 한의사라는 직업이 환자분들께 해드릴 수 있는 선택지가 많은 것 같습니다.

Q. 체육학과 전공으로서의 경험(이력)이 현재 한의사를 하면서 영향을 주는 부분이 있나요?
A. 먼저, 체육학과도 사람의 몸을 다룬다는 점에서 도움을 많이 받았습니다. 해부학 공부를 할 때 이미 뼈나 근육을 다 외우고 있어서 공부가 수월했습니다.

 두 번째로, 치료 후에 운동법을 지도해줄 수 있기에 생활 주치의로 다가갈 수 있습니다. 요즘 많은 사람, 특히 젊은 분들이 필라테스나 헬스를 많이 하시는데 운동에 대해서 정확하게 티칭하고 스트레칭 방법, 근육 강화하는 방법까지 조언해줄 수 있습니다. 저는 진료할 때 어떤 운동을 하는지, 일주일에 몇 번 하는지 등 그 사람의 생활을 물어보고자 합니다. 의사가 단순히 환자를 치료하고 끝내는 게 아니라 생활적인 것까지 함께하는 생활 주치의라는 생각이 들면, 나중에 내과 질환까지도 끌어낼 수 있습니다. 결국에는 환자한테 많은 부분에서 도움을 드리는 과정에서 운동 치료/지도가 연결고리 역할을 한다고 생각합니다. 관련해서 예전에 요양병원에서도 한 2년 정도 근무하면서 어르신들께 레크리에이션을 진행했던 적도 있습니다. 누워 있는 어르신들께 혈 자리랑 지압법, 손가락 운동을 알려드렸는데 너무 좋아하셨던 기억이 있습니다(웃음). 이렇듯 레크리에이션 등의 퍼포먼스를 할 수 있는 능력이 있으면 그게 또 무기가 돼요.

 그러나 진료 시간 내에 해드릴 수 있는 부분들이 제한적이라, 나중에 제가 개원할 때는 "운동하는 한의원"이라는 콘셉트로 하려고 합니다. 지금도 동대문 쪽 한의원에 운동하는 공간들을 따로 만들어둔 경우가 있는데 아예 체육관처럼 피트니스 한의원처럼 최적화된 시스템을 만들려고 구상하고 있습니다. 추나랑 운동치료도 하면서 북적북적한 에너지가 넘치는 곳을 구상하는데 잘 먹힐지는 모르겠네요(웃음).

Q. 실제로 젊은 환자분들이 많이 내원하시나요?
A. 네 젊은 환자들이 많이 내원해요. 70%가 진짜 젊은 환자들입니다. 9시까지 야간 진료하면 퇴근하고 오시는 분들도 많고, 추나라는 게 메리트가 큽니다. 5분에서 10분으로 소요 시간은 짧고, 도수 치료와 비교해서 가격 측면에서 이점이 있다는 것이 경쟁력이 큽니다. 그리고 치료 효과가 좋고 즉각적이고 눈에 딱 보이니까 젊은 사람들이 좋아하십니다.

Q. '골 때리는 그녀들(이하 골때녀)' 의무지원과 관련해서, 스포츠 현장에서의 한의학 혹은 스포츠 한의학에 대해서 어떻게 생각하시나요?
A. 스포츠 현장에서의 한의학은 너무 경쟁력이 있고 유망한 분야라고 생각합니다. 운동선수들은 몸에 도움이 되고 퍼포먼스에 효과가 있으면 뭐든 합니다. 한의계의 스포츠 시장이 작아서 그렇지, 규모를 키우고 마케팅만 잘한다면 너무도 경쟁력이 있는 시장입니다. 예전에 미국에서 스포츠 재활을 하는 곳을 우연한 기회로 다녀왔는데, MBA 선수들이 하루에 200, 300만원 내면서 치료받더라고요. Dry needling(침 치료), 물리치료, Cupping(부항) 등의 치료를 받고 있었는데, 이처럼 우리나라뿐 아니라 해외에서 해외 선수들을 치료해 주는 것도 정말 좋은 마케팅 방법일 것 같습니다.

 골때녀 의무지원 현장에서도 스포츠 한의학이 뛰어나다는 것을 느꼈습니다. 한의사로 구성된 의료팀이 침 몇 번 놓아드리면 바로 좋아지고, 재진율도 올라가면서 계속 저희를 찾아주셨습니다. 선수들이 원하셔서 방송 측에서도 한의원 팀에게 계속 의무지원을 맡아 달라고 부탁하셨습니다. 저희도 이제는 힘들어서 빼고 싶은데 작가님들이 저희를 안 빼주시네요(웃음). 골때녀뿐 아니라 요즘 방송하는 골프 채널 등에서도 지속적으로 연예인들과 선수들을 만족시킨다면 '작가들이나 피디들' 인식에 한의학이 자리를 잡을 것입니다. 환자한테 집중해서 만족시키면 경쟁력에서 우위에 있어요. 한의대에 있을 때는 '이게 정말 돼?'라고 생각하기 쉬운데 분명히 너무나 좋은 치료들이니까 자부심을 갖고 나가세요.

 또한, 제가 체육학과와 한의학을 전공했기에 스포츠 한의학이라는 분야가 더욱 커질 것으로 생각합니다. 생활체육을 하시는 분들도 점점 더 전문적으로 되어가고, PT나 필라테스도 이제는 그룹이 아니라 개인-맞춤형이 되어가고 있는데, 이는 저희 한의사들이 잘하는 분야이죠! 비싸더라도 나에게 더 좋은 것을 원하는 프리미엄 시장이 앞으로 더욱 커질 것입니다.

건강한 운동 & 음주 문화

Q. 와인 회사 브랜드 매니저/ 바텐더 및 소믈리에 경험이 한의사로서, 혹은 달마시안 활동에 어떤 영향을 주었나요?
A. 체육학과를 나왔는데 주류 수입사에서 일하게 된 이유는 20대 때 '내가 뭘 좋아하고 잘할 수 있는지'를 확인하기 위해 다양한 경험을 쌓고자 했기 때문입니다. 신라호텔에서 뷔페 아르바이트도 해보고, 무대 철거 아르바이트도 해보고, 두바이 가서 일주일 동안 이벤트 진행하는 해외 아르바이트도 해봤죠. 그런 아르바이트의 일종으로 백화점에서 와인 판매, 와인 포장 아르바이트를 했던 경험이 와인 기업에서 일하는 데 도움이 되었고, 졸업 후 저는 주류 수입사에서 브랜드 매니저로 주로 미국 와인들을 수입했습니다. 이때의 경험이 부산대 한의전을 졸업한 후에도 주류 쪽에 관심을 가지게 된 계기가 되었습니다.

 한의사의 경우 가감과 합방을 하는 일종의 테크니션, 마술사 같은 이미지가 있다고 생각합니다. 칵테일도 한의학과 이러한 측면에서 유사함을 가진다고 생각했습니다. 시각적 아름다움, 맛과 향, 그리고 스토리 연출까지... 모든 것을 포함한 종합 예술이라고 느꼈고, '한의사도 그렇게 할 수 있겠구나'라는 생각에 실무 경험을 쌓고자 바에서 일했습니다. 졸업하고 나서는 바로 역삼에 있는 루프탑 바에서 일했습니다. 리봄 한방병원에서 9시에 퇴근하면 10시까지 루프탑 바에 출근해서 새벽 3시까지 일했습니다. 체력적으로 힘들기는 했지만 즐거웠으며, 가운을 입고 일하다가 바텐더 일을 하면 색다르기도 해서 좋았습니다.

그러나 바텐더라고 해도 화려한 일만 하진 않아요. 당시 제가 30대였는데, 다들 저보다 선배였기 때문에 화장실 청소부터 배웠죠. 그때 얻은 인연들이 지금까지도 이어지고 있으며, 최근에 아침마당에 출연했을 때도 우리나라에서 상위 10위 안에 드는 바텐더분께 팁을 많이 얻었어요. 한의학적인 부분은 제가 잘 알지만, 바텐팅(bartending)의 기술적인 부분에서는 그분들께 많이 배웁니다.

Q. 2018년도부터 하고 계신 달마시안(달리고 마시는 사람들)이란 활동은 무엇인가요?
A. 평소 '나라는 사람을 브랜딩하고 싶다'는 생각했으며 '나는 어떤 사람인가'라는 고민했습니다. 그러다가 '나는 달리기와 운동을 좋아하는 사람이고 거기에 와인과 술도 좋아하는데, 이 두 가지를 함께하면 어떨까?'라고 생각했고, 이를 좋은 사람들과 함께 할 수 있으면 좋겠다는 생각이 들어서 모임을 만들었어요.

또한 저에게 주조 자격증을 가르쳐주신 스승님께서 바(bar)를 오픈하시는 과정에서 저도 투자금을 모으는 과정에 참여했습니다. 바(bar)가 선정릉 둘레길 구석에 있었고 홍보가 필요한 시점이었습니다. 이때 달마시안 모임을 '젊은 사람들을 모을 수 있는 모임'으로 만들어보자는 생각을 했고, 프립(Frip)이라는 액티비티 플랫폼을 이용했습니다. 처음에는 반응이 없었고 사람을 모으는 게 쉬운 일이 아니었어요. 그러나 사람들이 이색 경험을 하면서 좋았다는 후기가 쌓이고, 소개를 통해서 행사가 자주 마감되면서 지금까지 달마시안이 유지되고 있습니다. 이후로는 기부하는 기부런(run)도 하고 심장병 아동 수술비 지원도 했었습니다.

 결국은 사람이 하는 일이고 좋은 사람들이 모이는 것이 중요합니다. '달마시안'이 좋은 사람들이 모여서 건강한 음주, 건강한 취미 생활하고 그 사람들의 능력들을 더 좋은 곳에 쓰일 수 있게 하는 플랫폼이 되면 좋겠습니다.

Q. 주류와 한의학의 결합을 생각하게 되신 배경 및 이에 대한 의견이 궁금합니다.
A : 주류와 한의학은 잘 어울리는 조합이라고 생각합니다. 한약재를 주증(酒蒸)하기도 하고, 포(炮)하거나 초(焦)하고, 술을 이용해 약의 효과를 높이거나 약화하는 방식을 사용하죠. 이러한 모든 방법이 칵테일 만들 때 쓰는 방법들과 아주 유사합니다.

 그리고 한의학이 주류의 영역에서 사람들에게 더욱 친숙하게 다가갈 수 있고, 마이너가 아닌 메이저를 차지할 수 있다고 생각합니다. 실제로 논현동에 있는 바에 가면 바텐더가 티 카페의 한방 칵테일처럼 해서 운영해요. 재료 본연의 것들을 잘 노출하시면서 정말 잘 만드세요. 그 사람은 한의사가 아니지만, 이미 전 세계에 있는 다양한 바텐더들과 주류 업계에서는 한약재를 재료로 많이 이용하고 있습니다. 이는 반대로 한의사도 그쪽으로 진입할 수 있다는 말입니다. 주류를 한의학과 연관 지어 체질적으로 설명할 수도 있고, 사람들의 인식에 지속해서 노출하면서 친숙해지게 만들면 사람들도 소비하게 되는 것이죠.

Q. 원장님의 인생 그래프를 그린다면 가장 뿌듯했던 순간, 그리고 가장 포기하고 싶었던 순간이 언제였나요?
A. 일단 이 순간이 가장 뿌듯합니다. 포기는... 정말 매 순간 그렇듯 '굳이

이렇게 바쁘게 살아야 할 필요가 있나?' 하는 생각도 들 때가 가끔 있습니다.

 그러나 아이러니하게도 제가 마라톤이나 철인 3종을 좋아하는 이유가 매 순간 포기하고 싶기 때문입니다. 철인 3종 경기의 첫 종목이 수영이에요. 찬물에 딱 들어가자마자 눈에 아무것도 안 보이고, 내가 왜 했지? 라는 생각이 들면서 그 순간이 제일 힘듭니다. 어쩔 수 없이 그냥 포기하지 않고 끝까지 가면 분명히 좋은 시간이거든요. 그 시간이 힘들지만, 중간에 보는 석양이나 마지막 피니시 라인에서 느끼는 뿌듯함, 옆에서 동네 학생들과 어르신들이 응원해주는 그 순간의 따뜻함 등 포기하지 않으면 느낄 수 있는 행복이 더욱 크다고 생각합니다. 제 인생은 '에라 모르겠다, 뛰어서 해보자.'라고 뛰어드는 행위의 연속입니다. "Live life to the fullest"라는 말이 있어요. 할 수 있는 것은 끝까지 다 해보자. 그런 후에 후회하고 포기하되, 안 해보고 포기하지는 말자는 뜻입니다.

Q. 어떤 분들에게 한의사라는 직업을 추천하시는지 궁금합니다.
A. 저는 에너지가 좋은 사람이 한의사와 맞는 것 같습니다. 항상 아픈 사람들이 오시는데, 그 아픔을 잘 어루만지면서 에너지를 줄 수 있는 사람이요. 저 같은 경우는 퇴근해서 집에 갈 때 에너지를 다 드려서 힘이 없습니다(웃음). 즉, 내가 힘들어도 그 사람한테 긍정적인 에너지, 선한 영향력을 줄 수 있는 사람이요. 그리고 이 일을 통해 저도 행복해야 하니까, 타인에게 선한 영향을 주고 에너지를 줄 때 뿌듯함을 느끼는 사람이 적성에 맞을 것 같아요.

Q. 앞으로 한의사가 될 한의대생들에게 해주고 싶은 말씀이 있으신가요?
A. 한의학에 자부심을 가지면 좋겠습니다. 이전에 얘기했듯이 한의학이 가지고 있는 무기가 너무 많은데, 이것들을 잘 갈고닦아서 좋은 한의사가 될 수 있는 부분이 많습니다.

또한 한의사라고 다 같은 한의사가 아니듯이, 자신을 브랜딩해서 남들과 다른 사람이 될 준비를 하라고 말해주고 싶습니다. 결국 저희는 남들이 찾아주고 좋아해 주는, 매력적인 인간이 되어야 하고, 그럼 어떤 사람이 매력적일지에 고민해 보세요. 사람을 만나는 과정에서 자기한테 실험도 해보고 변화를 이뤄야 합니다. 그 과정에서 변화시키는 것 훌륭한 치료 기술일 수도 있고, 훌륭한 인품일 수도 있고, 여러 가지 다양한 경험일 수도 있죠. 즉, 내가 정말 어떤 사람인지, 그리고 매력적인 사람이 되는 방안에 대해 고민해 보시기 바랍니다.

Q. 앞으로의 목표. 되고 싶은 한의사의 모습이 궁금합니다!
A. 진료의 측면에서, 즉 한의사로서는 스포츠 한의학 현장에서 훌륭한 선수들을 치료하는 것입니다. 해외의 유명한 선수들, NBA에서 뛰고 있는 선수들을 치료하는 모습을 상상합니다. 관련해서 아까 이야기했던 '운동하는 한의원'도 언젠가는 실현하고 싶습니다.

 그다음에 바텐더로서는 가장 건강한 바(bar)를 만들고 싶어요. 체질 칵테일, 건강 칵테일을 만들어서, '이렇게 bar를 만들고 운영할 수도 있구나'라는 점을 하나 찍어보고 싶습니다.

Q. 앞으로 원장님께서 하시는 이 세상을 어떻게 바꿀까요?
A. 저라는 사람 한 명은 점(點)입니다. 하나의 점으로서 많은 사람에게 좋은 에너지와 영향력을 조금이라도 드릴 수 있으면 좋겠습니다. 그냥 가까이 있는 사람들한테 이렇게 민폐 끼치지 않는 좋은 사람이 되고 싶어요(웃음).

체육학도에서 한의사가 되신 김기현 원장님과의 인터뷰, 너무도 유익

한 시간이었습니다! 다양한 분야에서 활발히 활동하시는 열정 넘치는 모습에 감명받았던 인터뷰 현장이었습니다. 젊고 건강한 한의학을 위해 노력하시는 원장님을 응원하겠습니다~!

Interviewer. 코알라, 꽃사슴, 기린, 앵무새
Writer & Editor. 코알라

부록
- 팀닥터
- 한의사 의료기관에서 가능한 피부, 미용 진료

팀닥터

한의원을 이용하는 여러 목적 중 하나는 근골격계 질환을 치료하기 위함입니다. 근골격계 손상에는 여러 범주가 있는데 이번엔 운동 영역에 대해서 알아보겠습니다.

운동에 대한 국민의 관심은 해가 갈수록 높아지고 있고 이에 따라 운동 중 부상을 당하는 사람도, 운동 능력 향상을 원하는 사람도 많아지고 있습니다.

"대한스포츠한의학회"도 이러한 시대의 흐름에 맞춰 생겼습니다. 이 학회는 각종 스포츠 손상뿐만 아니라 일상생활 중의 근골격계 통증에 대해 적절한 치료 방법을 제시할 수 있는 스포츠 전문가로 구성되어 있습니다. 해당 학회에 속한 스포츠 전문가들은 한의학적 관점에서 재활, 기능개선 등을 제시하고 실천합니다. 또한 본 학회에서는 팀닥터를 배출하고 있으며, 팀닥터는 스포츠 팀에서 운동선수들의 부상 치료, 건강 관리를 수행합니다. 더 나아가 재활과 운동기능 향상까지도 책임지고 있습니다.

한의사들은 지금까지 1986년 서울아시안게임, 1988년 서울올림픽, 1998년 방콕아시안게임, 2000년 시드니올림픽, 2004년 아테네올림픽, 2011년 알마아타동계아시안게임, 2014년 인천아시안게임 및 아시안 패러 게임, 2015년 광주유니버시아드대회, 2016년 리우 패럴림픽, 2018년 인도네시아 아시안 패러 게임, 2018년 평창 동계올림픽과 패럴림픽대회, 2020년 도쿄 올림픽 대회, 2022년 베이징동계올림픽 등 각종 국제경기에 팀닥터로 참여해 한의 의료 지원에 적극 나선 바 있습니다. 인천아시아게임 및 아시안패러게임, 광주유니버시아드대회, 평창 동계올림픽 및 패럴림픽대회에서는 국내 선수들뿐 아니라 많은 해외 선수들도 한의 진료실을 찾았으며 높은 만족도를 보였다고 합니다. 이외에도 농구, 야구, 태권도, 축구, 수영, 배드민턴, 이종격투기 등과 같은 다양한 스포츠 분야에서 한의사들이 팀닥터로 활약하고 있으며, 종합격투기 종목에서 링닥터로 힘써주시는 한의사들도 여럿 계십니다.

한의사들은 가장 흔한 스포츠 부상인 '인대 및 근육 손상'에 대해 주로 침, 뜸, 약침, 부항을 사용하며 보조적으로 탄력 테이핑을 활용해 운동기능을 회복시킵니다. 큰 부상을 당한 경우엔 재활이 매우 중요한데, 이때 한약이 빠른 회복에 큰 도움을 주기도 합니다. 무엇보다 가장 중요한 점은 이러한 치료 방법들이 도핑 검사에서 안전한 치료 방법이기에 선수들이 안심하고 치료받을 수 있다는 것입니다.

스포츠 분야에서 한의 치료의 효과와 만족도가 지속적으로 높아진다면 다양한 스포츠대회 및 생활체육에서 한의학과 한의사들의 역할이 더욱 커질 것입니다.

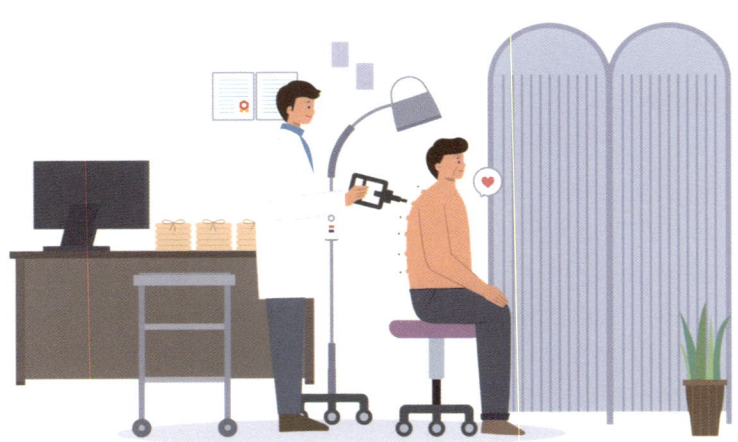

한의사 의료기관에서 가능한 피부,미용 진료

많은 사람들에겐 여전히 한의원, 한방병원은 통증치료를 받으러 가는 곳이라는 인식이 더 많습니다. 하지만 생각보다 한의의료기관이 제공할 수 있는 치료의 종류는 굉장히 다양하며 미용의 목적으로도 내원해주시는 환자군도 적지 않습니다.

한의학의 대표적인 미용 활용 분야는 다이어트입니다. 2016년 국민건강영양조사에 의하면 체중 감량을 위해 다양한 방법으로 노력한 적이 있는 2161명(남 758명, 여성 1,403명)을 대상으로 체중 감량 방법별 성공률 등을 분석한 결과 운동·단식·결식·식이 조절(control diet)·의사 처방약 복용·한약 복용·건강기능식품 섭취·원푸드(one food) 다이어트 등 8가지 체중 감량법을 비교했는데 체중 감량법으로 한약 복용을 택한 사람의 성공률이 26.0%로 최고를 기록했다는 보고가 있습니다. 또한 매 해를 거듭할수록 다이어트한약에 대한 수요층은 점차적으로 늘어나는 추세로 보입니다.

또한, 여드름, 안면비대칭, 흉터, 모공축소, 리프팅, 정안침 등 미용만의 목적의 시술들도 존재하는데 몇 가지를 소개해 보겠습니다.

정안침은 피부의 경혈, 근육 지방층을 자극하고 순환을 원활하게 하므로 얼굴의 붓기를 빼고 안색을 개선하는데 효과적입니다. 실제로, 연예인들이나 인플루언서들이 정안침을 이용하는 것이 자주 방송이나 유튜브 등에 송출되고 있습니다.

매선은 피부조직에 일정기간 유지되는 약실을 넣어 지속적인 자극을 주어 면역반응을 유발하여 이로 인해 혈액순환이 촉진되고 피부조직이 재생되어 리프팅효과를 줄 수 있으며 주름의 개선까지도 가능합니다.

새살침의 경우 흉터 치료에 이용되는 시술인데 흉터는 피부 진피층에서 조직들이 유착되어 있는 상태인데 이를 침의 자극으로 풀어내고 이 공간에 혈액이 공급되게 하여 새살이 돋아나게 된다고 하여 붙인 이름입니다.

안면비대칭 역시 만족도가 높은 분야인데 추나, 침 치료를 통해 구축되어 있던 안면 근육들을 교정하고, 구강 내에 장치를 활용하여 턱관절치료를 병행하는 방식으로 시술을 진행합니다. 안면비대칭 교정에 활용될 수 있는 구강 내 장치는 2018년 대법 판결에서 한의사의 치료는 합법이라는 판결을 받은바 있습니다.

이외에도 한방필링, 약침들을 활용해 모공을 축소하는 시술을 비롯해 많은 미용 시술이 있으며 피부의 건조한 부분들을 해결하거나 성형수술 후 붓기를 제거하는데 한약이 탁월한 효과가 있어 만족도가 높습니다.

이처럼 통증 이외에 미용분야에서도 한의의료기관에서 제공하는 의료 영역이 다양하고 더 나아가 소아질환, 성장, 부인, 신경정신과 영역 등에서도 환자분들은 만족도를 느끼고 계십니다. 앞으로 한의계의 여러 영역을 이용하는 사람들이 더더욱 많아졌으면 하는 바람입니다.

저는 퇴사하고 한의사합니다

초판 1쇄 인쇄 2023년 5월 22일
초판 1쇄 발행 2023년 5월 22일

펴낸이 홍주의
저자 곽민제, 김명은, 승혜빈, 이경은, 정연수, 김정상, 민백기, 추홍민
기획, 감수 대한한의사협회 브랜드위원회, 대신만나드립니다 브랜드강화팀
제작지원 박한별
교정 하재규
편집디자인 인디프린트
펴낸곳 도서출판 KMD

주소 서울특별시 강서구 허준로 91
전화 02-2657-5050
팩스 02-6007-1122
이메일 help@akom.org
ISBN 979-11-978174-8-9

* 이 책은 저작권법에 의해 보호를 받는 저작물이므로 무단전재와 무단복제를 금지하며, 이 책 내용의 전부 또는 일부를 이용하려면 반드시 저작권자와 도서출판 KMD의 서면동의를 받아야합니다.
* 파손된 책은 구입처에서 교환해 드립니다.
* 책값은 뒤표지에 있습니다.
* 본 저서에 실린 모든 인터뷰는 〈대신 만나드립니다〉가 진행하였으며, 인터뷰에 대한 권한은 〈대신 만나드립니다〉에 있습니다.